DÉFENSE

DE LA

LIBERTÉ DE LA PRESSE,

CONTRE LES ATTAQUES

DE M. LE VICOMTE DE BONALD.

IMPRIMERIE DE SÉTIER,
Cour des Fontaines, à Paris.

DÉFENSE

DE LA

LIBERTÉ DE LA PRESSE,

CONTRE LES ATTAQUES

DE M. LE VICOMTE DE BONALD,

PAIR DE FRANCE;

PAR M. SARRAN.

Amicus Plato sed magis amica veritas.

PARIS,

CHEZ TOUS LES PRINCIPAUX LIBRAIRES.

1826.

AVERTISSEMENT.

Dans mon dernier écrit sur les affaires du temps (1), j'ai fait justice de cette naïve exclamation échappée à l'auteur des *Crimes de la Presse* : « Il n'y a pas de milieu : il faut opter entre la souveraineté du peuple *ou* celle du ministère. » (2)

S'il y a de l'audace dans cette déclaration, il y a aussi de la franchise. Depuis, on a professé la même doctrine, on a voulu atteindre au même but, mais par des voies détournées qui annoncent plus d'habileté ou moins d'abandon chez les nouveaux adversaires que la liberté de la Presse a vu s'élever contre elle.

(1) Voir la note *a*.

(2) *Les Crimes de la Presse*, pag. 140.

Dans le nombre de ces derniers apparaît, non plus, il faut bien le dire, avec l'autorité du talent, du moins avec ce prestige qui s'attache à l'éclat de la célébrité, un de ces hommes que nous voyons aujourd'hui, déserteurs du parti de la justice et de nos libertés, venir combattre, au profit d'une puissance d'usurpation qui prodigue les faveurs royales à ses apologistes, ces mêmes doctrines, ces mêmes principes, ces mêmes besoins politiques, que ministres et ministériels d'à présent défendaient en notre compagnie, dans un temps où tous nous préférions les devoirs de notre conscience aux séductions du pouvoir.

Si quelque chose peut exciter une douloureuse surprise, c'est de voir des hommes sortis des rangs où ils comptaient dans le nombre des champions de cette belle cause dont le principe est la légitimité, le but la justice, le mobile l'honneur, la base la vérité, repousser aujourd'hui, comme un élément étranger au système d'administration qu'ils dirigent ou qu'ils soutiennent, cette liberté de la Presse, si favorable au développement de toutes les saines doctrines, à la manifestation de tous les sentiments généreux, et que nous les avons vus défendre alors avec quelque mérite, toutes les fois qu'ils avaient à s'exprimer sur ce sujet important, soit à la tribune, soit dans leurs écrits.

Quand malheureusement nous sommes forcés d'attaquer ceux-là que nous voudrions encore traiter du nom d'amis, que l'on ne vienne pas gémir cauteleusement sur la division introduite parmi les royalistes. Cette division, en effet pénible, puisqu'elle est fatale à la cause que nous défendions en commun, à qui la doit-on si ce n'est à ceux qui nous ont abandonnés, qui se sont faits nos ennemis et nos persécuteurs! parce que nous n'avons pas voulu, à leur exemple, consentir à l'abandon de nos doctrines ; parce que nous réclamons toujours ce qu'ils réclamaient autrefois comme nous et avec nous ; parce que nous sommes restés fidèles au drapeau par eux délaissé et sous lequel nous avons guerroyé ensemble, pour des intérêts publics, dans ces combats qui leur ont donné une victoire, dont ils abusent au seul profit de leurs prétentions toutes personnelles.

Que les directeurs actuels de l'administration du royaume ne s'en prennent donc qu'à leur déloyauté envers leurs anciens amis, qu'à leur abandon de tout ce qui faisait autrefois l'objet de nos communs efforts, si, presque dès les premiers jours de leur avénement au ministère, je me suis vu forcé d'attaquer leurs actes et d'accuser leurs sentiments. Que M. de Bonald lui-même, qui, reniant ses anciennes démonstrations comme député de 1815 et comme écrivain du *Conservateur*, vient demander pour ce qu'il y a de déloyal et de contradictoire dans les sentiments et dans les actes ministériels, un brevet d'impunité au moyen de l'oppression de la pensée, reste en tout responsable de la justice publique que je suis contraint d'exercer contre sa doctrine nouvelle, subversive de l'ancienne doctrine que nous professions dans les mêmes rangs, et que nous avons même exprimée dans le même recueil politique. Que le scandale du débat, qui ne saurait être imputé à crime à ceux pour qui le débat est devenu une honorable nécessité, retombe de tout son poids sur ceux-là qui l'ont provoqué par leur funeste dissidence!

Pour moi, qui ne vis que des sacrifices faits dans tous les temps à la cause sacrée que je défends aujourd'hui comme je la défendais, il y a six ans, avec M. de Bonald et quelques autres honorables opposants, depuis devenus ministres, je n'ai pu m'épargner celui de mes affections, du moment où elles se sont trouvées en opposition avec mes devoirs. J'ai dû immoler sur l'autel du bien public les souvenirs de cette ancienne confraternité d'opinions et de vœux, de cette amitié politique qui n'est plus, mais qui est chère à mon cœur, parce que la mémoire en est douce non moins que glorieuse; j'ai dû abandonner l'homme pour la chose, préférer au sentiment même la vérité : *amicus Plato, sed magis amica veritas.*

J'aurais laissé sans réponse l'écrit que je combats, non par quelque motif de flexibilité dan sla rigueur des principes que je viens d'émettre, mais parce que cet écrit, peu digne de la réputation de son auteur, ne me paraissait pas en lui-même bien redoutable. Une considération indépendante du mérite de l'ouvrage m'a ramené vers une détermination moins pacifique.

Les attaques journalières dont la liberté de la Presse est l'objet constant, surtout depuis ces dernières années, annoncent la résolution fortement prise d'anéantir cette liberté, n'importe par quel moyen. L'ouvrage que j'ai cité dans les premières lignes de cet avertissement, plusieurs autres écrits de même nature, complètent, sur cette triste vérité, la démonstration que l'on avait pu acquérir déjà jusqu'à un certain point par les actes ministériels, publics ou secrets, qui avaient précédé ces publications de sinistre présage. M. de Villèle qui a l'air, dans le conseil des ministres, devant le Roi, en présence de l'héritier présomptif de la Couronne, de prendre la défense de cette publicité qu'il a en horreur, voudrait se voir contraint, par des sollicitations venues du dehors, à la douce violence de sacrifier la liberté de la Presse qui l'importune, comme une sorte de conscience publique, qui chaque jour vient signaler son impéritie et ses usurpations. Un passage de la dernière adresse des députés au Roi, a été comme le signal de ces secours extérieurs que le ministre souverain appelle de toute la puissance mystérieuse de ses déplorables intrigues; et tout porte à croire (j'aurai l'attention d'approfondir ce point essentiel) que certaines publications faites ou projetées, et dans lesquelles domine le scandale des plus fâcheuses personnalités, ont été imaginées dans le but d'imprimer à ces secours extérieurs, toute la vivacité et toute l'énergie des ressentiments personnels.

Dans cet état de conspiration ministérielle contre la liberté de la Presse, l'écrit de M. de Bonald, qui, selon toute apparence, a pour objet, et, dans tous les cas, doit avoir pour résultat, d'agir sinon sur la masse, que la faiblesse de l'ouvrage parviendrait difficilement à persuader, du moins sur les Chambres et sur la Cour, où les craintes exagérées du noble pair semblent promettre quelques lecteurs plus bénévoles, l'écrit de M. de Bonald, dis-je, peut devenir dangereux pour nos institutions, non pour les prosélytes qu'il pourrait faire dans le public, mais parce qu'on peut s'en servir ailleurs comme d'un prétexte, pour rallier contre la liberté de la Presse les majorités qui consentent les lois, et déterminer l'action suprême qui les propose et qui les promulgue.

Tels sont les véritables motifs qui, après quelque hésitation, m'ont engagé à réfuter l'écrit du noble pair.

La liberté de la Presse est menacée ; je viens la défendre, parce que je la considère à la fois comme un moyen attaché au droit naturel de la défense personnelle, et comme un des éléments les plus essentiels du gouvernement de mon pays.

On n'a que trop calomnié la liberté en l'offrant comme un épouvantail sous les traits hideux de la licence. Effrayé de l'une, l'honnête homme trompé a souvent proscrit l'autre dans son cœur ; il est temps que ce fatal préjugé, déjà de beaucoup affaibli dans les esprits, disparaisse enfin pour le bien de la France.

DÉFENSE

DE LA

LIBERTÉ DE LA PRESSE.

Ce qui frappe d'abord à la lecture de l'écrit de M. de Bonald, ce n'est pas tant la violence de l'attaque que l'on y dirige contre la liberté de la Presse, que le mépris que l'on y fait de l'acte royal, en vertu duquel cette liberté est acquise à tout Français comme un droit inhérent à la Constitution de l'État.

En proscrivant ce droit qui fait l'objet d'un des plus importants articles de la Charte, M. de Bonald ne fait pas même l'honneur à la Charte de la nommer : il semble regarder la violation de la loi constitutive comme une chose de droit et qui n'a pas même besoin d'être débattue ; et considérant, en un mot, la Charte comme non avenue, il procède indépendamment des principes qu'elle proclame et des droits qu'elle consacre ou dont elle détermine l'usage, à la suprême discussion de ses dédaigneuses doctrines, au développement impérieux de prétentions qui n'ont d'autre base que le caprice d'une opinion individuelle, affranchie du respect des lois; d'autre but que le triomphe désordonné de quelques intérêts de coterie, au détriment de l'intérêt public.

Si nous vivions à une époque où la religion du serment, fut entourée, je ne dis pas de cette vénération profonde dont les hommes de la vertueuse antiquité firent une sorte de culte, du moins de ces égards que la pudeur commande à ceux-là mêmes dont la conscience s'est affranchie des plus saints devoirs, je prendrais peut-être la peine de rappeler à M. de Bonald la foi que, d'abord comme député, plus tard comme pair de France, il a solennellement jurée à cette Charte qu'il traite avec un si coupable dédain. Je dirais à M. de Bonald : « Dans cette Charte que vous avez fait le serment de respecter comme loi principale de l'État, se trouve un article conçu en ces termes : « Les Français ont le » droit de publier et de faire imprimer leurs opi- » nions en se conformant aux lois qui doivent ré- » primer les abus de cette liberté. » Et M. de Bonald, vivant dans un autre siècle, penserait sans doute qu'il existe dès-lors une loi obligatoire, du moins pour lui qui l'a jurée, laquelle consacre ce double droit, qu'il attaque avec les idées du monde dans lequel il vit, et selon les espérances illégales et les projets envahisseurs de quelques ambitions personnelles.

Déplorons ces funestes exemples de parjure public, scandaleusement donnés par les hommes que le mouvement de la politique semblait avoir placés au-dessus des peuples, non pour les dominer en les pervertissant, mais pour les conduire en les édifiant! Déplorons cette corruption de tout ce qui est bien, cet abandon des lois de la décence publique et de l'honneur, dont, en quelque sorte, on se fait gloire, et que le courroux céleste marqua toujours comme le signe épouvantable de la chute des empires!

Mais, tout en laissant échapper ce cri de douleur, tout en proclamant ces paroles d'éternelle vérité, que je pourrais fortifier ici des souvenirs tout vivants d'une terrible expérience, je n'en suis pas moins dans la nécessité, pour l'intérêt même de la cause que je défends, de suivre l'adversaire de la liberté de la Presse sur le terrain qu'il s'est choisi, et de combattre ses raisonnements, non par l'autorité de la loi qu'il méconnaît, mais dans le sens de l'abstraction qu'il s'est arbitrairement créée à l'appui du système qu'il veut faire prévaloir.

Puisqu'ainsi l'exige l'étrange manière dont M. de Bonald a cru devoir envisager une question toute constitutionnelle, et qui paraissait naturellement devoir se résoudre par un examen consciencieux de la loi constitutive de l'État, j'admets donc pour un moment, que l'indifférence absolue de M. de Bonald au sujet de la constitution en vertu de laquelle M. de Bonald est pair de France, soit la chose la plus naturelle et la plus licite, et que, selon l'expression un peu triviale, mais fort significative, proférée au dernier lieu devant la Cour royale de Paris (1), il faille absolument considérer comme *des drogues* les institutions consacrées par la Charte; du moins me sera-t-il loisible, je le pense, d'examiner l'opinion de M. de Bonald sur la liberté de la Presse, non d'après l'exigence de la loi constitutive que personne, et le noble Pair moins que tout autre, n'est pourtant autorisé à méconnaître en France, mais exclusivement selon les simples lumières de la raison, que l'adversaire de la liberté de la Presse ne craint point d'invoquer à l'appui de son système, et en prenant en considération les besoins de la société politique qu'il juge perdue, si l'on ne lui donne pour appui l'oppression de la pensée publique.

Entrons en matière.

« Les esprits faux et les imaginations vides et » passionnées, dit M. de Bonald, ne voient dans » les meilleures choses que les abus qui en sont inséparables, et dans les plus mauvaises, que les » avantages qui peuvent s'y rencontrer..... La censure préalable des ouvrages d'esprit est en soi » une bonne institution.... »

Donc (et tout l'écrit de M. de Bonald tend d'ailleurs à démontrer cette proposition correspondante) la liberté de la Presse est la plus mauvaise chose qu'on puisse imaginer; donc les hommes qui ne

(1) Voir la note *b*.

voient dans la liberté de la Presse, chose mauvaise s'il en fût jamais, que les avantages qui peuvent s'y rencontrer, et dans la censure préalable des ouvrages d'esprit, « institution bonne en soi » que les abus qui en sont inséparables; ces hommes, ainsi le prononce un arrêt où les formes de la politique n'adoucissent pas la sévérité de la décision, ces hommes sont « des esprits faux et des imaginations vides et passionnées ».

Mais, en admettant dans toute son autorité la rigueur tant soit peu brutale de l'anathème lancé par M. de Bonald contre ceux qui se trompent, selon lui, en matière de liberté de la Presse et de censure préalable, qu'arriverait-il si, par aventure, celui qui accuse les autres de se tromper, était atteint et convaincu d'être lui-même dans l'erreur? si moi, par exemple, qui me trouve nécessairement compris dans cette vaste catégorie d'esprits faux et d'imaginations vides, puisque j'ai le malheur d'être, sur le sujet dont il s'agit, d'une opinion contraire à celle du noble pair, je venais à démontrer à M. de Bonald que cette même censure préalable, dont il vante si fort l'excellence, est une chose mauvaise, et que la liberté de la Presse, qu'il condamne avec tant d'amertume, est en soi une bonne institution? M. de Bonald, contre qui, dans cette hypothèse, on pourrait rétorquer ses propres paroles, regretterait peut-être alors ses qualifications, au moins impolies, d'esprits faux et d'imaginations vides, dont il gratifie si libéralement ceux qui n'ont pas le bonheur d'être de son avis. Toutefois, que le noble pair se rassure; nous ne commettrons pas l'impolitesse d'abuser jusque-là de notre triomphe : car, après avoir pleinement établi la démonstration dont nous venons de parler, si nous accusons M. de Bonald de manquer de quelque chose, ce ne sera ni d'imagination ni d'esprit, qui n'ont que faire dans une question toute de conscience et de patriotisme.

La censure préalable des écrits, s'il faut en croire M. de Bonald, est *en soi* une bonne institution. Selon le bon sens et la raison, la censure ne saurait être une chose bonne *en soi*, puisqu'elle n'existe point par elle-même, et qu'elle est simplement une exception à la liberté de la Presse qui lui est bien évidemment antérieure. Or, une exception ne saurait jamais être une chose bonne par elle-même; et la censure préalable pourrait tout au plus devenir une chose bonne relativement à son principe, en ce qu'elle le modifierait dans un intérêt licite, et d'après un besoin avéré.

La liberté de publier et de faire imprimer des opinions : voilà le principe. La censure préalable, c'est-à-dire, les restrictions préventives apportées dans le système de la liberté de la Presse et de la publicité des écrits : voilà l'exception.

M. de Bonald s'est fait l'apologiste de l'exception; je me présente comme le défenseur du principe.

De quoi vous plaignez-vous, dit-il aux Français qui publient leurs opinions par la voie de la Presse ; et que vous demande-t-on que de vous laisser imposer, comme obligation de rigueur, ce que tout écrivain bien avisé adopte comme une précaution salutaire ? Qu'exige-t-on de vous que de vous soumettre à une censure officielle, ainsi que, littérairement parlant, vous êtes probablement disposés, « dans l'intérêt de votre réputation, comme écrivain et comme honnête homme, » à vous soumettre à la censure officieuse de l'expérience et de l'amitié ? Enfin, à propos d'une chose toute politique, et où il s'agit, non du génie de l'écrivain, ni des grâces du style, mais uniquement d'opinions émises par des citoyens sur des points d'intérêt public ou privé, M. de Bonald, traduisant en humble prose un conseil poétique adressé par le législateur du Parnasse français aux poètes, trouve toute sa loi de censure dans la paraphrase de ce vers inspiré par le dieu du goût :

« Faites-vous des amis prompts à vous censurer. »

Nous voilà bien loin, sans doute, de la censure des écrits politiques, et nous n'en sommes pas moins, pour cela, dans la brochure de M. de Bonald, où l'on peut lire toutes ces belles choses, pag. 6 et 7.

Nous avions cru jusqu'ici que les honnêtes censeurs dont voudrait nous gratifier de nouveau M. de

Bonald n'étaient rien moins que des censeurs littéraires, et nous ne sachions point qu'une ordonnance de censure leur ait confié jusqu'ici, et puisse jamais leur confier la mission de faire triompher dans les écrits des autres les finesses et la pureté d'une langue dans laquelle ces Messieurs n'ont pas toujours eu la réputation d'être assez experts pour leur propre compte. Châtreurs impitoyables de toute idée importune aux ministres qui les nomment, qui les paient, et qui, au besoin, les destituent, si quelquefois les censeurs se sont occupés du style, c'est bien plus pour décolorer celui dont la grâce ingénieuse, dont la piquante lucidité revêtent des pensées ennemies du repos de leurs maîtres, que pour proscrire ces bienheureux écrits, insignifiants, non moins par la forme que par le fond, qui, dans leur innocente médiocrité, jouissent du privilége de n'éveiller la susceptibilité de personne. Le premier devoir d'une censure préalable, telle qu'on la conçoit, et telle que la veulent M. de Bonald et ses amis, sera toujours de laisser paraître le moins d'écrits possibles sur des sujets politiques, administratifs ou financiers; son second devoir, de mettre ceux de ces écrits dont elle ne pourra décemment empêcher la publication, en tel état qu'ils soient, en définitif, sans autorité sur l'opinion, comme sans gloire pour leurs auteurs.

En admettant, comme parfaitement exacte, l'analogie assez étrange que M. de Bonald établit entre ce qu'exigent des écrits simplement littéraires et les besoins des écrits politiques, resterait toujours cette différence, sur laquelle l'adversaire de la publicité glisse fort légèrement, entre la censure d'obligation telle qu'il la demande, et cette autre censure recommandée, selon l'expression de M. de Bonald, « aux jeunes auteurs et même aux autres écrivains, » et qui, de sa nature, est purement facultative. Boileau, qui a donné le précepte de celle-ci, et qui, au précepte, a cru devoir joindre l'exemple, se faisait *des amis* prompts à le censurer ; et ces amis étaient un Racine, un Arnault, un Lamoignon, un Molière. Mais si M. de Bonald eût vécu du temps de Boileau, et qu'il se fût avisé d'aller dire au satirique, que pour le grand bien de sa réputation, « comme écrivain et comme honnête homme, » il lui fallait mettre à la discrétion de Chapelain, de Cotin, de Pelletier, de Rolet, voire même de l'empoisonneur Mignot, les écrits véridiques où ces malencontreux personnages étaient si vigoureusement livrés aux sifflets du public, nous ne savons trop de quel air l'auteur des satires eût reçu ce plaisant conseil, et si le nom du conseiller n'aurait pas été grossir la liste comique de ces pauvres diables

« Dont les noms en cent lieux, placés comme en leurs niches,
» *Ont* de ses vers malins rempli les hémistiches. »

Ce que M. de Bonald n'aurait pas certainement osé

conseiller à Boileau, sous peine du ridicule, il vient pourtant le présenter comme la chose du monde la plus naturelle et la plus convenable, à des gens qui ne sont pas plus disposés que le poète du grand siècle, à pardonner une mauvaise plaisanterie.

Il vient dire à ceux qui, à leurs périls et risques, sont eux-mêmes censeurs des actes du ministère, de placer leur réputation d'écrivains et d'honnêtes gens sous la sauve-garde de la censure de ce ministère (Car de quelque façon qu'une censure préalable ait lieu, il est de fait que toujours elle s'exerce souverainement au profit et pour le compte des ministres, et des ministres seuls). Si les Cotins, de la politique, si les Rolets de l'administration, ont droit de vie et de mort sur les écrits qui auront pour objet de démasquer leurs fautes et de signaler leurs dilapidations, pense-t-on que Cotin et Rolet donnent main-levée à une publicité qui appellerait sur eux la réprobation publique et la vindicte des lois? et ne feront-ils pas, au contraire, tout ce qu'il faut pour organiser un silence, qui leur assurera l'impunité et une sorte de privilége de crimes fructueux ou de sottises lucratives? Aura-t-on même la permission de rire des mécomptes culinaires de Mignot? et si la cuisine de M. Piet vient à déchoir, la censure laissera-t-elle à la Presse le malin plaisir d'apprendre aux siècles futurs ce désappointement semi-parlementaire?

« Il faut au public des garanties publiques, »

nous dit encore M. de Bonald. Étrange garantie publique que celle offerte par une censure qui se cache dans l'ombre, agit par l'arbitraire, et n'est instituée que pour étouffer la publicité! La meilleure, la seule garantie inviolable pour le public, c'est la publicité; et votre censure la tue.

« Mais le Gouvernement (en établissant la censure préalable des écrits) donne des juges à nos » pensées, comme il donne des juges à nos intérêts » et à nos actions. » Encore une fausse analogie et des conséquences discordantes.

Les juges que le Gouvernement, autrement dit, que la loi, donne à nos actions et à nos intérêts, sont des juges de répression; et les juges que vous invoquez pour nos pensées, les censeurs, qu'il faut bien se résigner à appeler par leur nom, sont des juges *préventifs*, si l'on veut absolument qu'ils soient des juges. La justice, soit qu'elle décide d'intérêts entre particuliers, soit surtout qu'elle punisse les délits et les crimes, est essentiellement *répressive* : si elle était autre chose, elle ne serait plus la justice; elle serait l'arbitraire avec tous ses caprices et toutes ses lâches iniquités; elle serait ce qu'a toujours été, ce que sera toujours, en matière de liberté de la Presse et de publicité des écrits, cette censure préalable dont on sollicite la restauration toute puissante, pour satisfaire, au jour le jour, aux volontés impérieuses des maîtres au nom de qui elle aurait lieu, aux exigences secondaires des valets qui auraient encore le courage de l'exercer ; honteuse pour ceux-ci, accusatrice pour ceux-là ; ennemie des intérêts publics, nécessairement sacrifiés dans ce conflit de despotismes subalternes, au milieu desquels la défense des intérêts publics est comme étrangère.

Nous avons vu M. de Bonald essayer d'abord d'attirer vers la censure les Français qui publient leurs opinions, en les traitant comme des littérateurs qui ne doivent pas mieux demander, selon Boileau, que de voir disparaître, avant tout, de leurs ouvrages les imperfections qui pourraient en diminuer l'éclat ; et bientôt, changeant de ton, demander pour l'écrit qui n'est pas publié, qui n'existe pas, un jugement préventif, secret, arbitraire, par une prétendue analogie avec le jugement répressif, public, légal, qui s'exerce au moyen de nos tribunaux ordinaires, pour un délit commis, et sur une chose existante ; c'est maintenant comme fonctionnaires publics qu'il veut que les Français éditeurs de leurs opinions sur des objets d'intérêt public ou privé, soient livrés à l'action d'une censure préalable à l'édition, non pour des délits, mais pour des choses qui ne peuvent être des délits, puisqu'elles n'offrent point de corps matériel ; et qui probablement n'en seront jamais, mais qui éventuellement pourraient le devenir.

« L'écrivain, tant qu'il compose, ainsi s'exprime » M. de Bonald, n'est qu'un particulier qui écrit

» pour son amusement et son instruction ; mais dès » que l'écrit sort de ses mains pour paraître dans le » public, l'écrivain devient un homme public, un » homme de l'état, puisqu'il s'associe à la fonction » suprême de l'état, d'*instruire*, de *reprendre*, de » *corriger*; et, par conséquent, l'état peut exiger de » lui la garantie qu'il remplira, à l'avantage du pu» blic, des fonctions publiques dont il s'est volon» tairement chargé; et cette garantie, il ne peut s'y » soustraire, ni la refuser au gouvernement qui a le » droit et le devoir de la demander *à tous ceux qui* » *remplissent des fonctions publiques.* »

Il faudrait un volume pour faire justice des nombreuses hérésies politiques dont ces quelques lignes fourmillent. Je me bornerai à deux observations principales.

En premier lieu: tout citoyen qui publie ses opinions sur des objets d'administration ou de gouvernement exerce un droit naturel de contrôle, que la prévoyance de la loi peut soumettre à des mesures répressives en cas d'abus, comme elle fait de toutes les autres actions de l'homme et du citoyen ; mais que l'absurdité de l'arbitraire pourrait seule avoir la prétention de rendre nul. En usant de ce droit naturel, ainsi réglé par la loi dans l'intérêt de la société que ce droit est appelé à défendre, l'écrivain remplit un devoir, non-seulement envers lui-même, mais encore envers son pays, à qui tout citoyen doit le tribut de ses lumières et de son patriotisme. Mais, en exerçant ce droit, en se livrant à l'accomplissement de ce devoir de l'homme et du citoyen, comment pourrait-il être considéré comme fonctionnaire public, comme un agent de l'autorité publique, puisque c'est précisément à l'effet d'*instruire*, de *reprendre*, de *corriger* l'action du gouvernement, de redresser les erreurs, de signaler les fautes des fonctionnaires publics, depuis le premier des ministres jusqu'au dernier des gardes champêtres, que ce droit lui est acquis, que ce devoir lui est imposé?

En second lieu, supposons que le citoyen qui publie et qui fait imprimer ses opinions dût être considéré comme fonctionnaire public, faudrait-il au moins le traiter comme ce fonctionnaire auquel vous l'assimilez. Un fonctionnaire qui manque à ses devoirs, ou qui déplaît, est destitué par ses supérieurs; il peut également, dans certains cas, être puni par sentence de justice, non pour la faute qu'il pourrait éventuellement commettre, mais pour la faute qu'il a commise. C'est toujours par voie de répression qu'il est atteint, soit que les tribunaux sévissent contre lui par l'application de la loi pénale, soit que ses supérieurs procèdent par forme de destitution. Mais ici que demandez-vous contre les écrivains politiques, administratifs ou financiers, que vous ne parez si pompeusement du titre de fonctionnaires publics, qu'afin de les offrir plus sûrement en holocauste au génie du mal? Qu'ils soient soumis à des règles de répression comme les fonctionnaires? non, mais qu'ils soient assujettis à des mesures préventives. Il serait, sans doute, fort commode pour les ministres de pouvoir, à leur volonté, destituer les écrivains qui leur seraient importuns, comme ils destituent les fonctionnaires publics, si poliment *avertis*, à la façon de M. de Corbière, ainsi qu'il a pris soin de nous en instruire, lorsqu'ils ne marchent pas assez docilement sur la ligne étroite et capricieuse qui leur est impérieusement tracée. C'est là pourtant la conséquence de la bizarre proposition de M. de Bonald; conséquence étrangement contraire aux lois de la raison, non moins qu'aux besoins licites de la politique, puisqu'il s'agit ici d'armer les ministres du pouvoir de destituer ceux-là qu'ils n'auraient point institués; conséquence dont l'application simplifierait singulièrement les rouages du despotisme ministériel, en mettant à la discrétion des ministres qui, dans l'intérêt du trône comme de la liberté, doivent être soumis au contrôle de l'opinion, les citoyens à qui leurs lumières et leur patriotisme permettent d'exercer utilement ce contrôle nécessaire.

Ici se termine la série des faibles arguments par lesquels M. de Bonald tente péniblement de démontrer l'impossible, c'est-à-dire, que la censure préalable des écrits, qu'une exception au principe de la liberté de la Presse, est une chose bonne *en soi*. Voyons maintenant si l'apologiste de l'exception, si l'adversaire de la liberté de la Presse sera plus heureux dans ses efforts pour représenter cette liberté comme une chose mauvaise ; si les vices et les abus dont il accuse ce principe d'être radicalement entaché, en nécessiteraient l'anéantissement au profit de l'exception par lui appelée à détruire le principe. Voyons comment M. de Bonald juge la liberté de la Presse en elle-même, et si l'arrêt qu'il prononce contre cette liberté ne serait pas susceptible de cassation.

Que l'auteur, comme il l'annonce, et comme on pourrait le lui contester, se soit toujours prononcé contre la liberté de la Presse, ce n'est pas, sans doute, ce dont il s'agit, puisque si nous démontrons, comme nous croyons pouvoir d'avance en exprimer la certitude, que la constante opinion dont se vante l'adversaire de la publicité, est erronée, cette même constance prouverait seulement que, du moins à ce sujet, le noble pair aurait été dans l'erreur toute sa vie. La déclaration de M. de Bonald porte cependant une modification importante, et qui semble contredire jusqu'à un certain point la précédente assertion du noble pair : « Il a cru un » moment, dit-il, que la liberté de la Presse était » moins fâcheuse (opinion au moins fort étrange) » *à l'égard des écrits périodiques* ; mais alors, ajoute- » t-il, le *Nain jaune* et la *Minerve* n'avaient pas » paru ; alors le poignard de Sand et celui de Louvel » n'avaient pas achevé d'instruire l'Europe. » On a évidemment confondu ici l'effet avec la cause.

Nous ferons un appel aux souvenirs de M. de Bonald. Par qui, ou à la faveur de qui, le *Nain-Jaune*, et surtout la *Minerve* ont-ils existé ? Croit-on que sans le *Nain-Jaune* l'invasion des cent-jours n'aurait pas eu lieu ? et oserait-on dire qu'elle aurait eu lieu avec un ministère moins léger, plus prévoyant et moins félon partiellement que ce déplorable ministère qui, en 1814 et dans les premiers mois de 1815, se jouait avec tant de grâce des destinées de la France ? Supposez un tel ministère et pas de *Nain-Jaune*, l'invasion n'en aurait pas moins été exécutée ; et peut-être la conspiration, moins à découvert, n'aurait-elle été ourdie qu'avec plus d'ensemble et plus fortement. Supposez au contraire un ministère habile et dévoué, et tous les *Nains* possibles (si, dans cette hypothèse, l'existence d'un *Nain-Jaune* est même présumable), et osez dire que Buonaparte aurait tenté une traversée, dès lors à peu près impossible, et à laquelle, à tout événement, il n'aurait échappé que pour venir se faire fusiller sur les côtes de France.

Quant à la *Minerve*, M. de Bonald sait aussi bien et mieux que tout le monde, qu'elle était entre les mains du ministre Decazes, comme un instrument au moyen duquel ce ministre faisait demander hautement par la révolution, et avait l'art d'obtenir dans le cabinet du Roi, les destitutions et les remplacements nécessaires, dans son système de diviser les partis en les balançant, et de les dominer à son profit, pour affaiblir la force monarchique, et la faire descendre au niveau de la faiblesse, où l'état-général de la politique et la présence de la royauté sur le trône, avaient nécessairement plongé l'élément révolutionnaire. Si Louvel a puisé dans les écrits du temps la passion du plus affreux attentat, à qui s'en prendre, si ce n'est au Ministère qui protégeait ces écrits comme un moyen de sa politique; qui encourageait, qui soudoyait la licence pour avoir le prétexte de venir plus tard, comme effectivement il l'a fait dans les derniers jours de sa puissance, demander solennellement l'oppression de la liberté? Et sans doute encore qu'en dépit de tant d'excitations ambitieuses aux doctrines régicides, le forfait du 13 février n'eût point été commis, si le ministre souverain, qui s'entourait, lui qui ne courait aucun danger, d'une foule d'agents conservateurs de sa personne, avait eu le soin, bien vulgaire en matière de police, de faire stationner un seul agent auprès de la voiture de l'auguste victime, dont le ministre savait que les jours étaient menacés.

Il peut paraître nécessaire à qui défend la mauvaise cause de l'oppression de la pensée, mais il n'en est pas moins absurde, d'accuser la liberté des fautes dont l'administration est coupable; et plus absurde encore de s'en prendre à la publicité, des crimes même commis dans les états où cette publicité se trouve proscrite. C'est ce qui malheureusement est arrivé à M. de Bonald, par rapport au crime de Sand. Si j'avais eu à puiser dans les faits de l'histoire un argument terrible pour démontrer d'une manière frappante les dangers du silence imposé aux citoyens sur les matières qui intéressent la Cité, certes, j'aurais difficilement trouvé un exemple plus décisif que celui que M. de Bonald a pris la peine d'exhumer, dans le but d'en appuyer sa thèse, et dont je me trouve heureux de pouvoir m'emparer pour le soutien de la mienne.

Ce n'est point la liberté de la Presse dont ne jouissait pas son pays, qui a poussé au meurtre l'assassin de Kotzebuë; ce n'est point par une discussion publique dans laquelle son ressentiment se fût exhalé en plaintes, qu'il s'est animé à l'assassinat de son semblable: c'est dans l'ombre des sociétés secrètes, tristes conséquences de lois trop absolument restrictives d'une sage publicité, qu'il a saisi le poignard homicide; c'est dans la fureur concentrée d'un mécontentement qui ne trouvait par où se répandre, qu'il a conçu son criminel dessein; c'est parce qu'il n'a pu exprimer ses griefs par la parole écrite, même la plus inoffensive, que ce sombre enthousiaste, exaspéré par la contrainte, les a exprimés par l'action la plus criminelle. Il n'eût point agi, peut-être, s'il lui avait été permis de parler.

Ce n'est pas un des médiocres avantages de la liberté de la Presse, que de mettre en dehors, que de disséminer par une parole, que le respect des lois du pays puisse seule restreindre, les irritations générales ou particulières, qui, rejetées dans le silence par le système contraire, deviennent forcément le germe funeste de ces conspirations sourdes, dont l'effet, cruel même dans l'hypothèse le moins malheureuse, est de mettre l'Etat à la merci des factions, ou de livrer des coupables aux mains du bourreau.

Autre considération de toute vérité : avec un système de liberté d'écrire et de publier, tel que le droit naturel, la loi digne de ce nom, le bon sens, le conçoivent, toute conspiration, s'il pouvait s'en former de sérieuses dans un ordre de choses ainsi réglé, se dénoncerait plus ou moins à travers la facilité qui lui serait offerte de commettre des indiscrétions, dont une administration tant soit peu habile saurait sans doute tirer parti pour la conservation de l'Etat.

M. de Bonald, qui a dû entrevoir ces puissantes considérations, n'en est pas moins effrayé de cette « liberté pleine et entière d'écrire *sans contrôle* et » *sans garantie.* »

Dans le système légal, la liberté de la Presse n'est pas soumise bien certainement à un contrôle préalable avec lequel il ne serait guère possible de concevoir l'existence de cette liberté, et tel qu'il existerait dans le système d'exception réclamé par le noble pair ; mais la loi elle-même assujétit la liberté de la Presse à un contrôle de répression en cas de délit; elle la soumet à des conditions pénales qu'on peut rendre plus sévères, quand on juge trop douces celles qui existent. Et c'est dans cette répression, c'est dans ces peines, distribuées par la justice selon la gravité de la faute, et conformément au vœu de la loi, que la société trouve sa garantie contre les abus possibles de la liberté de la Presse, chose bonne en soi, mais susceptible, comme toutes les choses de ce monde, de présenter quelques inconvénients partiels dans l'usage que l'on en fait.

Mais s'écrie-t-on avec emphase : « Si l'imprimerie » eût été connue de l'antiquité, pense-t-on que » l'assemblée la plus habile en gouvernement qu'il » y ait eu au monde, le sénat romain, ne se fût pas » soulevée à la proposition d'une liberté si dange- » reuse? »

Je pourrais, sans contredit, récuser l'autorité du sénat romain, et ne point admettre dans le débat les prétentions ambitieuses d'un corps politique et les habitudes d'un peuple qui florissait il y a deux mille ans; mais comme je me suis fait un devoir de poursuivre l'adversaire de la liberté d'écrire sur tous les terrains où il lui plaira de porter le combat, et de ne jamais trop le chicaner sur le choix des armes, me voilà transporté, avec M. de Bonald, il y a vingt siècles, dans cette Capitale du monde, où je trouve que, bien loin de proscrire la liberté, la publicité générale des discussions politiques, telles que nous les entendons, Rome, au contraire, faisait de cette liberté et de cette publicité générales, de ce qui, en un mot, tenait lieu chez elle de la liberté de la Presse, l'appui des intérêts publics et privés et la gloire de l'état. Pour les Romains, la liberté de publier leurs opinions était au forum, et même un peu aussi au mont Aventin ; pour nous, le forum, c'est la liberté de la Presse. L'une certainement vaut mieux que l'autre : nous sommes mieux partagés que les Romains ; mais force était bien à ceux-ci de se contenter de ce qu'ils pouvaient avoir, puisque la Presse n'existait pas encore.

Lorsque le Sénat de Rome bannissait les philosophes (mesure politique dont M. de Bonald tire assez malheureusement la conséquence que le Sénat aurait proscrit également, par la censure préalable, les écrivains politiques, si la presse avait existé en ce temps-là), que faisait-il autre chose que préserver d'innovations dangereuses les mœurs et les institutions de la patrie, parmi lesquelles apparaît au premier rang, à défaut de la liberté de la Presse, alors inconnue, la plus étendue, la plus éclatante, la plus retentissante liberté de la parole ? S'il eût vécu à Rome lorsque le sénat bannissait ces philosophes ennemis des institutions nationales, probablement M. de Bonald se serait conduit en philosophe, et aurait été traité comme tel par « l'assemblée la plus habile en gouvernement qu'il y ait eu au monde. »

L'adversaire de la publicité, on le voit, n'a pas de bien sérieuses observations à présenter sur le mal que, selon lui, la liberté de la Presse pourrait produire; aussi s'avise-t-il, en désespoir de cause, de lui demander raison du mal qu'elle ne saurait empêcher.

« La liberté de la Presse, s'écrie-t-il, empêchera-» t-elle l'homme injuste de me susciter sans motifs » un procès onéreux; le faussaire de me demander, » ma signature à la main, ce que je ne lui ai ja-» mais dû; l'homme avide d'usurper clandestine-» ment ma propriété; *l'homme sans mœurs de por-» ter le trouble et le déshonneur dans ma maison?* »

Cette dernière partie de la singulière accusation de M. de Bonald, traduite par la malignité du lecteur en termes plus familiers, offre une assez plaisante idée, surtout exprimée par un aussi grave auteur. Au fond, pourquoi M. de Bonald voudrait-il rendre cette pauvre liberté de la Presse responsable de ces accidents dont les gens d'esprit ne sont pas plus à l'abri que les sots; et rejeter cette liberté comme une chose inutile et même dangereuse, parce qu'elle serait impuissante contre de certains coups, dont la sagesse, l'habileté, la puissance et les honneurs, ne garantissent même pas? Peut-être même qu'en examinant avec un peu de sérieux les naïves objections proposées par le noble pair, trouvera-t-on que pour les cas dont il s'agit, sans en excepter le dernier, de sa nature un peu comique, la liberté de la Presse, sans avoir précisément une action directe pour les prévenir, tend plutôt à diminuer qu'à augmenter le nombre de ces facheux inconvénients de la vie sociale. La publicité dont elle est armée, est, comme l'épée de Damoclès, toujours suspendue sur la tête de l'homme vicieux, dès-lors moins sûr de l'impunité que l'oppression de la pensée publique rendrait moins difficile, et obligé à mériter plus de considération par la crainte de cette publicité redoutable qui n'épargne personne.

Cette sorte d'arguments négatifs, que, faute de mieux, l'adversaire de la publicité s'est vu contraint de saisir comme une planche de salut pour son opinion, au milieu du naufrage de toutes les idées saines et raisonnables qui lui refusent leur appui, paraît si victorieuse, ou du moins si nécessaire à M. de Bonald, qu'au bout d'une dizaine de pages de plaintes et de récriminations contre cette importune liberté de la Presse, il y revient encore en demandant, d'un air de triomphe, comment il se fait « que la presse, si libre en Angleterre, n'empêche » ni l'oppression des catholiques d'Irlande, ni cette » autre oppression que les faillites, si nombreuses » dans ce moment, font peser sur de malheureux » créanciers. »

Voilà, d'un coup de plume de M. de Bonald, M. Canning hautement justifié des inconvénients attachés à sa politique, et la liberté de la Presse responsable de désavantages produits par les actes d'un pouvoir ministériel : double profit pour M. de Villèle qui voit, par un seul et même argument, la publicité des opinions attaquées et son ami d'outre-mer défendu. Reste à savoir cependant qui, de M. Canning, ou de la liberté de la Presse en Angleterre, a reconnu l'indépendance des états insurgés de l'Amérique espagnole, et précipité outre mesure les capitaux du commerce anglais vers ces contrées encore trop peu riches en moyens de consommation et en voies de communication intérieure, pour ne pas changer en mécomptes ruineux pour les spéculateurs, les espérances gigantesques offertes de toutes parts à la cupidité nationale par l'impatience peu prévoyante du ministre.

Si, d'un autre coté, le Parlement britannique tient encore les catholiques d'Irlande sous le coup d'une réprobation politique et civile, ce n'est point sans doute à cause de la liberté de la Presse, mais bien au contraire, malgré cette liberté, que cette oppression continue. Il y a quelque lieu de croire, que, si l'émancipation demandée l'an dernier eût été franchement soutenue par le Ministre influent, cette émancipation aurait été ordonnée, et M. de Bonald, heureusement privé d'un des faibles arguments dont il cherche péniblement à étayer une thèse insoutenable. Tout ce que nous avons vu des affaires d'Angleterre, en ce qui touche les catholiques d'Irlande, démontre du reste que c'est à la liberté de discussion publique et générale, dont les peuples de la Grande-Bretagne usent en dehors des garanties offertes aux intérêts nationaux, par leurs discussions et leurs décisions parlementaires, que les catholiques, déjà redevables à la liberté de la Presse, comme aux autres libertés de même nature, de la lueur d'adoucissement apportée dans leur sort, devront probablement un jour à cette liberté tutélaire toute la justice à laquelle ils ont droit de prétendre : du moins peuvent-ils concevoir à ce sujet les plus légitimes espérances, la publicité étant essentiellement conservatrice du droit. M. de Bonald lui-même, après un peu de réflexion et la main sur la conscience, oserait-il assurer que, sans la publicité, les catholiques d'Irlande jouiraient des mêmes soulagements, et pourraient se livrer aux mêmes espérances ?

Après avoir blâmé la liberté de la Presse, non du mal qu'elle fait, mais de celui qu'elle ne saurait empêcher, et qui, sans cette même liberté, se développerait avec moins d'entraves, le noble pair, abordant enfin les points essentiels de la discussion, essaie de démontrer l'inutilité et même le danger de la publicité des opinions, d'où ressortirait la nécessité de restreindre, ou, pour mieux dire, d'anéantir cette publicité, par l'établissement d'une censure préalable des écrits.

A quoi bon la liberté de la Presse ? « Ce n'est pas » sans doute des dangers qui pourraient venir du

» dehors, nous dit M. de Bonald, que les gouver-
» nements ont besoin d'être avertis par les journaux
» ou par les brochures. Aujourd'hui, continue-t-
» il, que les Etats ont tous, les uns chez les autres,
» d'honnêtes *espions* accrédités sous le nom de mi-
» nistres et d'ambassadeurs,... la Presse la plus libre
» ne peut rien apprendre aux Gouvernements. .... »

On a déjà parlé de cette manière inconvenante, surtout de la part d'un homme qui s'élève contre la licence de la Presse, de juger ainsi, en masse et sans exception aucune, les membres du corps diplomatique du monde entier. Comme j'ai l'honneur de compter quelques amis, et même des condisciples, dans ce qui a été, et dans ce qui est le corps diplomatique français, mon premier mouvement, il faut que je le confesse, a été de m'indigner contre M. de Bonald, de ce que je pensais être un affront inexcusable, fait de gaîté de cœur à des hommes que j'estime et que j'aime, parce que la noblesse de leurs sentiments m'est bien connue; lorsque je me suis fort heureusement souvenu d'avoir lu dans le temps que M. de Bonald jouissait d'une forte pension, prise sur les fonds même où l'on puise le salaire de ces *honnêtes espions*, que le noble pair a fait paraître en si bonne compagnie. Dès lors, ce qui jusques-là me semblait une insulte faite à mes nobles et honorables amis, s'est au contraire offert à mon esprit comme une marque de bienveillance et de considération, malencontreusement exprimée, à la vérité, mais du moins inoffensive quant à l'intention. Il était impossible, en effet, qu'un écrivain aussi réservé eût poussé si loin l'oubli de toutes les convenances; ce qui serait arrivé nécessairement, si sa phrase eût signifié tout ce qu'elle semble dire au premier aperçu. Du moment que ces espions, que M. de Bonald fait si lestement servir de point de comparaison avec ce que la France possède d'hommes les plus considérables par leur naissance ou par leur rang, et les plus recommandables par leurs qualités personnelles; du moment que ces honnêtes espions, avec lesquels, nous autres bonnes gens, nous avons encore la faiblesse de renier tout point de ressemblance, ont joui pendant long-temps, et jouissent probablement encore, de cette sorte de commensalité avec M. de Bonald, on peut parfaitement concevoir, que loin d'être dans l'opinion du noble pair, ce qu'ils sont malheureusement dans la nôtre, ces messieurs apparaissent, au contraire, à ses yeux comme les gens les plus dignes de sa tendresse et de toute la considération publique, et que conséquemment on aurait fort mauvaise grâce à se plaindre, pour les membres honorables et distingués du corps diplomatique, d'une assimilation fort honorable et fort distinguée elle-même dans la pensée de celui qui l'a imaginée. Sans partager en aucune façon les sentiments bien naturels de haute estime et d'affection presque fraternelle, que l'adversaire de la publicité paraît professer pour ces agens officiels des ténèbres, ses co-partageants, je reste bien convaincu pour mon compte que si, après cette explication, quelqu'un croyait encore avoir à souffrir de l'étrange assimilation faite par M. de Bonald, ce ne seraient certainement pas les hommes élevés autant par leur caractère personnel que par leurs fonctions, *qui ont l'honneur de représenter le Roi* dans les Cours étrangères.

Mais, pour revenir au fond de la discussion, les ministres, ces ambassadeurs qui représentent le Roi dans les diverses cours et chez les divers peuples, ont des devoirs à remplir, qui, au même titre que tous les devoirs attachés aux autres fonctions comprises dans la hiérarchie administrative, entraînent la nécessité de ce contrôle public, exprimé au moyen de la liberté de la Presse, et habile à intervenir utilement, partout où il y a quelque intérêt général ou quelque intérêt privé en jeu. Chaque peuple a, pour le dehors comme pour le dedans, des besoins particuliers, dont la manifestation acquise à tous les citoyens dans les pays de liberté, a l'avantage, au milieu d'une foule d'opinions hasardées, d'en produire de raisonnables, de vraiment nationales, qui surnagent dans le naufrage plus ou moins prompt des autres.

M. de Bonald n'en pense pas moins toutefois » que la liberté de la Presse égarerait plutôt les » gouvernements, s'ils donnaient quelque créance » à toutes les nouvelles alarmantes ou rassurantes

» dont elle charge ses feuilles sur la foi de ses » correspondants étrangers, souvent mal instruits ou » intéressés à déguiser la vérité. » C'est déplacer et non résoudre la question.

La liberté de la Presse n'est pas exclusivement destinée, bien s'en faut, à la propagation des nouvelles que, dans tous les cas, l'administration de l'Etat a pleine faculté de rectifier utilement quand elles sont fausses. Cette liberté consiste plus essentiellement dans le droit et dans le devoir *de publier des opinions* sur tous les objets qui peuvent intéresser d'une manière quelconque la chose publique et les prétentions légitimes ou les besoins licites des particuliers. Si les opinions que l'on publiera sont ridicules, qu'importe à l'administration qu'elles soient publiées? cette publication, impuissante contre la chose publique, tournera même au profit d'une bonne administration, dont les actes vaudraient mieux que les écrits de ses adversaires. Si ces opinions, au contraire, étaient sensées, nous ne verrions pas en quoi elles pourraient être nuisibles, si ce n'est à l'autorité plus ou moins funeste d'une mauvaise administration, dont les actes n'auraient pas le sens commun. Aurait-on peur, comme M. de Bonald le redoute en ce qui est des nouvelles venant de l'étranger, que l'administration ne vînt à s'égarer en donnant créance à des opinions erronées ou à des avis imposteurs? Mais quelle considération, on le demande, mériterait une administration qui, entre les avis et les opinions soumis par la publicité à l'investigation de tout le monde, irait précisément faire le plus mauvais choix là où, sans nul embarras et tout naturellement, l'homme d'Etat habile et dévoué n'eût pas manqué de faire le meilleur?

Supposons même, si l'on veut, que tous ces écrits, publiés sur la politique intérieure et extérieure et sur les détails de l'administration, soient faits par des sots, et qu'il suffise d'être ce qu'on appelle écrivain et publiciste pour se voir tout-à-coup privé, *ipso facto*, de cette intelligence et de cette perspicacité politiques dont M. de Bonald semble vouloir faire le partage exclusif de quiconque a dû à son mérite, à celui de sa position d'âge et de fortune et quelquefois aussi au hasard et aux circonstances, d'avoir été fait pair, député ou ministre, encore y aurait-il moyen de tirer de ce fumier de sottises, peu redoutable au surplus sous d'autres rapports, un peu de cet or que Virgile sut trouver dans le fumier d'Ennius. La liberté de la Presse est une chose si excellente en soi, que par elle la sottise elle-même peut devenir bonne conseillère. Boileau, dont les maximes ont été invoquées par M. de Bonald en un autre endroit, a donné cet avis salutaire :

« Écoutez tout le monde, assidu consultant,
» Un fat quelquefois ouvre un avis important. »

La raison humaine, s'exprimant en bons vers, a dit aussi :

« Ne vous enivrez point des éloges flatteurs
» Qu'un amas quelquefois de vains admirateurs
» Vous donne en ces réduits, prompts à crier : Merveille ! »

Voilà ce que veut Boileau pour les auteurs ; M. de Bonald veut le contraire pour les ministres, auteurs, en définitive, de tout ce qui se fait de bien ou de mal dans l'État ; et ceux-ci paraissent assez bien disposés à vouloir comme M. de Bonald. Ils trouvent fort agréable de n'avoir d'autres juges que « ces vains admirateurs toujours prompts à crier : merveille ! en ces réduits » appelés salons et cabinets ministériels, à l'apparition de toute idée sortant d'un cerveau de ministre. Le public, qui n'est pas payé pour flatter, et qui paie pour qu'on ne flatte pas, et pour qu'on ne se laisse pas flatter, trouve la méthode opposée plus favorable à ses intérêts, et pense que, s'il est plus commode pour les ministres d'être encensés au-dedans sans recevoir du dehors aucun avis importun, cette censure extérieure des actes ministériels, au moyen de la liberté de la Presse, est, au fond, plus utile à la chose publique. Reste à savoir maintenant ce qui doit être préféré, en matière d'État, de la commodité ministérielle, ou de l'utilité publique.

M. de Bonald penche fortement pour la commodité ministérielle ; il faut voir comme le noble pair gémit sur le sort de ces pauvres ministres et des majorités parlementaires qui aident les ministres à faire *des fautes*, s'il faut l'en croire, en commettant elles-mêmes *des erreurs*. « *Les fautes des ministres* » (c'est ainsi que s'exprime le noble pair) ne sont » pas plus ménagées par la liberté de la Presse que » *les erreurs des législateurs.* »

« Le voilà donc connu ce secret plein d'horreur! »

Voilà pourquoi M. de Bonald a fait sa brochure.

Quoi! les législateurs se trompent, et l'on se permet d'en parler! les ministres font des fautes, et l'on a la cruauté de le leur dire! M. de Bonald a, sans doute, grandement raison de s'étonner de tant d'audace et de vouloir imposer silence à ces voix importunes qui redressent des erreurs dont il convient, et demandent justice de fautes qu'il avoue.

Ce n'est pas qu'à la rigueur des esprits chagrins ne pussent faire observer à M. de Bonald que chacun, en définitive, répond de ses œuvres, du moins moralement, si ce n'est d'une manière plus positive, et que, par la même raison que l'on dit de telle chose qu'elle est bien, on semble avoir la faculté correspondante de dire de telle autre qu'elle est mal ; que le droit même de blâmer est probablement une conséquence rigoureuse de la permission de louer, et que louer et blâmer sont, au fond, deux actions également licites, pourvu qu'on se livrant au blâme, on respecte les convenances, et qu'on mette quelque pudeur à distribuer la louange.

Les Chambres, pourrait-on ajouter, n'existent pas précisément pour les Chambres, ni le ministère pour le ministère ; mais Chambres et ministère existent pour remplir le but dans lequel ils ont été institués, pour accomplir les devoirs qui leur sont respectivement assignés dans l'ordre politique. M. de Bonald ne pense probablement pas que ce soit absolument pour le droit de porter le manteau herminé, et de jouir des autres avantages plus ou moins solides attachés à ses hautes fonctions, qu'il a été fait pair ; mais qu'on lui a conféré le droit de porter le manteau herminé et tous les avantages attribués à la pairie, pour le devoir de maintenir, et, avant tout de respecter, les institutions de son pays ; non pour lui donner une sorte de privilége de l'erreur, mais pour lui imposer plus spécialement l'amour de la vérité dans les importantes attributions qui lui sont départies ; non pour attaquer avec l'autorité de son rang les droits des autres, mais pour faire servir cette même autorité à l'accomplissement de tous ses devoirs, au nombre desquels se trouve surtout comprise l'obligation de défendre, comme pair, ce qu'il attaque aujourd'hui, et que je défends, moi, comme citoyen.

Quoi que puisse dire M. de Bonald, la raison, le simple bon sens diront contre lui, indépendamment même de la loi dont il méconnaît l'autorité, que la masse, au profit de qui les chambres et le ministère ont été créés, a le droit naturel de signaler les erreurs de celles-là, de dénoncer les fautes de celui-ci, et que ce droit, conservateur des intérêts publics et privés, ne peut s'exercer utilement qu'au moyen de cette liberté de la Presse qu'on veut anéantir.

Mais, ajoute le noble Pair, « la liberté de la Presse » ruine le gouvernement représentatif, non assu- » rément par la liberté de discuter ses actes pen- » dant qu'ils sont encore soumis à la discussion, » liberté raisonnable et même nécessaire (dont » pourtant M. de Bonald ne veut pas); mais par » la licence de les critiquer, et de les combattre » après qu'ils sont devenus loi. »

Sans doute, un écrivain qui prêcherait la désobéissance à une loi, même mauvaise, serait coupable, et la loi répressive est là pour le punir, comme elle le fait pour tous les attentats auxquels la société se trouve malheureusement exposée. Mais pourquoi ne pourrait-il pas signaler les vices et les lacunes qu'il apercevrait dans une loi? N'est-ce pas respecter la loi que désirer de la voir parfaite? Et pourvu que le critique se tienne dans la ligne des égards que l'on doit à un acte obligatoire, tant qu'il existe, mais qu'une sage révision, opérée avec les formes constitutionnelles, peut demain modifier, augmenter, ou même réduire au néant; pourquoi lui serait-il défendu, dans le but utile de provoquer cette sage révision, d'user du droit naturel qu'il possède comme homme, et qui lui est acquis légalement comme citoyen, de publier les opinions qu'il juge devoir émettre sur des objets intéressants pour la chose publique, ou même pour quelque prétention individuelle fondée sur la justice? M. de Bonald, qui invoque pour les lois le respect du silence, n'attaque-t-il pas la loi constitutive de l'Etat; et le fait-il avec cette mesure, avec ces égards, qu'exige toujours l'examen critique des lois? Daigne-t-il seulement rappeler l'existence, probablement connue de lui, de cette loi principale qu'il a jurée, et dont il veut détruire une disposition importante? Ne va-t-il pas jusqu'à nommer « esprits faux, imaginations vides, » les défenseurs du principe constitutionnel de la liberté de la Presse, qu'il combat, et par contre-coup celui-là même qui l'introduisit dans la Charte, comme partie d'un tout digne de la reconnaissance et du respect des Français?

Il n'y a que la loi révélée, cette loi qui nous est venue de Dieu, comme la règle sacrée du salut du monde, qui soit au-dessus des discussions humaines; et rien sans doute qui se présente moins avec le caractère immuable de la révélation divine, que ces lois discutées parfois à grand bruit, et dans la formation desquelles il n'est peut-être pas toujours impossible que les votes l'emportent sur les raisons, attendu qu'il peut quelquefois être plus difficile de trouver des raisons que des votes. Faites des lois qui se présentent avec vénération à l'esprit des peuples, et certes elles seront accueillies avec conviction. Quand aux autres, sans doute il serait fâcheux qu'elles ne fussent pas obéies; mais il n'y a pas grand mal à ce qu'elles soient attaquées.

Sera-ce dans l'intérêt des autres libertés publiques que vous réclamerez la liberté de la Presse, comme la sauve-garde de toutes les libertés? « Il n'y a pas » de gouvernement, vous répondra M. de Bonald, » qui ait moins besoin d'être averti par des parti- » culiers *sans mission et sans autorité* que le gou- » vernement représentatif; et nulle part les libertés » publiques ne peuvent mieux se passer de sauve- » garde *étrangère*, que dans les Etats où elles re- » posent sur des institutions particulières à cette » forme de gouvernement. — Comment en effet, » ajoute le noble Pair, l'autorité pourrait-elle igno- » rer quelque chose de ce qui intéresse la tran- » quillité ou la dignité de l'Etat, là où siègent an- » nuellement sept cents personnes librement élues » par le peuple ou par le roi, divisées en deux » chambres indépendantes l'une de l'autre, et in- » dépendantes du peuple et du roi lui-même, par » la *gratuité* de leurs fonctions ou l'inamovibilité » de leur existence politique? »

Ainsi, les seules institutions sur lesquelles M. de Bonald veut que les libertés publiques reposent, sont une chambre des pairs et une chambre des députés : à cette condition toutefois que, par libertés publiques, on n'entendra que « ce qui intéresse la » tranquillité ou la dignité de l'Etat », nullement sans doute les besoins de la masse ; et que ces deux chambres qui doivent tenir lieu de tout, et parer à tout, ne contrarieront pas trop les ministres, selon M. de Bonald : « les plus malheureux des hommes » dans notre forme de gouvernement. »

M. de Bonald, paraît professer un si tendre attachement pour ces pauvres ministres, que nous ne savons trop pourquoi il a bien voulu consentir à la conservation de deux chambres, et comment il se fait qu'il ait eu la générosité de ne pas réduire toutes les institutions constitutionnelles du pays à une seule chambre, à celle dont il fait partie. Cette réduction, dont l'effet serait de conserver la chambre des pairs, eût été plus franche ; et, quoique par des considérations étrangères à celles du noble Pair, aurait du moins en ce moment même, devant l'opinion publique, une sorte de mérite d'opportunité.

Mais ce ne sont probablement pas nos chambres actuelles que M. de Bonald entend désigner en parlant des deux chambres par lui admises comme les appuis exclusifs des libertés publiques ; car, bien certainement, s'il s'agissait de notre Constitution, écrite et publiée en 1814 sous le titre de Charte constitutionnelle, et des Chambres que cette constitution a produites ; M. de Bonald, admettant les

Chambres, filles de la Charte, ne pourrait guères s'empêcher, ce semble, de reconnaître également les autres institutions de même origine; entre autres, cette liberté de la Presse, proclamée comme un droit politique et conservateur, par l'article 8 de cette même Charte qui, au moyen d'autres articles et au même titre, crée une chambre des pairs et une chambre des députés; et..... M. de Bonald ne reconnaît point la liberté de la Presse comme un droit constitutionnel. Il paraîtrait donc que ce n'est point en vertu de la Charte, créatrice du droit constitutionnel de la liberté de la Presse, qu'il veut ses deux chambres, mais sans doute en conséquence d'une Charte nouvelle, dont il invoque la promulgation, à l'effet de constituer la France, non comme le fait la Charte actuelle, mais comme M. de Bonald veut que la France soit constituée.

Cependant on est bien forcé de se former une toute différente opinion des volontés du noble Pair, lorsqu'on porte un regard plus attentif sur la description qu'il fait de ses deux chambres, « où siègent » annuellement, dit-il, sept cents personnes (c'est » bien là, du moins à peu près, le nombre réuni des » membres de nos deux chambres) *librement élues* » par le peuple ou par le roi, parmi les plus notables » citoyens, divisées en deux chambres indépendan- » tes l'une de l'autre, et indépendantes du peuple » et du roi (par la *gratuité*, mot imaginé par M. de » Bonald, sans doute afin d'attacher à une chose

« extraordinaire une expression qui ne le fût pas » moins) par la *gratuité* de leurs fonctions, ou l'ina- » movibilité de leur existence politique. »

Certes, il faudrait avoir l'esprit bien mal fait pour ne pas reconnaître à cette peinture nos deux chambres actuelles de pairs et de députés ; celle des députés surtout, dont les membres n'ont pas même l'inamovibilité de leur existence politique, pour les consoler de ce que M. de Bonald appelle la *gratuité* de leurs fonctions. C'est donc bien décidément des chambres actuelles que M. de Bonald veut parler, comme des seules institutions constitutionnellement protectrices des libertés publiques, quoiqu'en même temps le même M. de Bonald repousse violemment la liberté de la Presse consacrée par la même loi constitutive, où le noble Pair consent à prendre leur titre d'origine. Ainsi, la Charte qui, pour M. de Bonald, ne vaut pas la peine d'être nommée, lorsqu'il s'agit de la liberté de la Presse qu'elle consacre, reprend tout-à-coup toute sa valeur, lorsqu'il est question des chambres qu'elle institue !

J'ai promis de faire au noble Pair toutes les concessions qui pourraient lui être agréables. Puisqu'ainsi l'exige le champion de la censure, il faut donc bien que j'accorde avec lui aux chambres un droit d'existence politique, selon la Charte, exclusif de tous les autres droits, et de toutes les autres institutions que la Charte pourtant consacre à l'égal de l'institution que M. de Bonald veut bien admettre qu'elle ait établie. La Charte donc, puisqu'on le veut, institue les deux chambres comme seules protectrices des libertés publiques, et la Charte n'institue que cela.

Mais ce point convenu, il me sera permis sans doute de demander, au nom du sens commun, puisque, pour faire plaisir à M. de Bonald, je me suis interdit de rien demander au nom de la loi, si, dans cette hypothèse de constitution politique, les libertés publiques sont réellement bien garanties; si l'intérêt public, en général, et chaque intérêt privé, en particulier, trouvent tout l'appui qui leur est nécessaire.

Admettons que la Chambre des pairs, dans toutes les circonstances possibles, soit spontanément élue par le roi, surtout que la Chambre des députés soit toujours librement élue par le peuple, si elle l'est même par le peuple avec notre système électoral si restreint; que l'une et l'autre chambre soient, en général, aussi indépendantes des ministres qu'elles le sont du peuple et du roi; que, dans le fait, les fonctions législatives soient généralement aussi gratuites qu'elles le sont par le vœu de la loi, et que jamais une place salariée, une sinécure, une pension, une faveur quelconque, à la personne ou à la famille du député ou du pair, ne devienne une compensation intéressée de l'absence ou de l'insuffisance des honoraires législatifs : toujours serait-il juste et prudent d'examiner si ces mêmes pairs et ces mêmes députés, entièrement dégagés, si l'on veut, de toute influence ministérielle, ne seraient point par hasard assujettis personnellement comme hommes aux passions et aux préjugés, aux erreurs et aux oublis, qui sont le partage de la faible humanité. Et, en ce cas, assurément fort probable, puisque M. de Bonald a eu même la complaisance de convenir tout haut des erreurs des législateurs; si la liberté de la Presse, dont le propre est d'avertir les puissants de la terre quand ils font le mal avec connaissance de cause, ou quand, par ignorance, ils ne font pas le bien; si cette liberté, importune pour la faiblesse et pour le vice, mais dignement appréciée par la force et par la vertu, n'existait pas, il faudrait l'inventer.

La liberté de la Presse est donc loin d'être, comme le prétend M. de Bonald, une sauve-garde *étrangère* dans notre forme de gouvernement; elle est au contraire la sauve-garde la plus nécessaire des libertés nationales; elle est la plus incorruptible garantie de l'observation des devoirs publics, et comme le couronnement essentiel de l'édifice politique.

Les Français qui usent du droit donné par la nature, et consacré par la loi, de défendre les intérêts publics et leurs intérêts personnels basés sur la justice, sont loin d'être sans mission et sans autorité, en concourant au bien général et à la plus juste répartition possible de l'équité administrative au profit des particuliers.

S'ils étaient *sans autorité*, comme l'affirme le noble Pair, ils seraient certainement un peu moins exposés aux attaques des adversaires de la liberté de la Presse, qui, n'ayant rien à redouter de leurs écrits, ne songeraient nullement à s'en inquiéter, et ne s'en occuperaient probablement pas.

Ils sont moins encore *sans mission* : leur mission, ils la tiennent du droit qu'a tout être vivant en société, de défendre les droits de la justice qui profitent à la masse comme aux individus, et de travailler au salut commun dans son intérêt personnel comme pour le bien de tous; ils la tiennent aussi (M. de Bonald peut bien maintenant nous permettre cette revendication) de cet article 8 de la Charte, qui consacre légalement pour le citoyen le droit que l'homme tient de la nature, de veiller, par tous les moyens licites, à sa défense personnelle, et, dans l'état de société, au maintien des institutions protectrices de sa liberté légale et de sa propriété légitime. Qu'un peuple vive sous un gouvernement modéré par la représentation constitutionnelle des besoins publics et privés, ou bien qu'il soit régi par le pouvoir absolu, ce droit naturel existe toujours, plus ou moins modifié dans son exercice par le despotisme, libre et sans entraves avec ce qu'on appelle gouvernement représentatif, où la défense de tous les droits conservateurs est organisée, où tous les moyens nécessaires de défense appartiennent légalement à chacun, dans l'intérêt de chacun et de tous.

M. de Bonald mêle plus d'une fois dans son expression révélatrice (et cela devait être), la défense, l'apologie de ces pauvres ministres (selon lui les plus malheureux des hommes), dans les attaques qu'il dirige contre la liberté de la Presse essentiellement anti-ministérielle, à la vérité. Cependant, de tous les actes du ministère, le noble Pair n'essaie de justifier que la fameuse loi du trois et du quatre et demi pour cent, « qu'il ne faut pas se hâter de condamner, parce que, dit-il, c'est une opération *problématique* de finance. » Nous ne savons pas trop si M. de Villèle aura beaucoup à se féliciter de cette justification, tout au moins aussi problématique que l'opération elle-même.

D'ailleurs, pas un mot de l'émancipation inconstitutionnelle, anti-nationale, quant à la forme, subversive de tous les principes de la morale et de la société, quant au fond, de l'importante possession française de Saint-Domingue. Même silence sur les misères de l'Espagne et de ses colonies; sur les dilapidations et les félonies des marchés Ouvrard; sur l'agiotage, l'usure et l'oubli de toutes les lois, ministériellement organisés à la Bourse; sur ces impôts honteux, trempés des larmes des familles et trop souvent souillés du sang des victimes, qui salissent les pages indignées de nos budgets; sur les scandales d'une épouvantable corruption qui mine tous les rangs de la société, et va frapper de mort la partie la plus virile des forces sociales. M. de Bonald, ministre d'État, qui gémit si tendrement sur le sort des ministres, n'a pas cru devoir aborder des sujets, dans l'examen desquels il lui eût été difficile de ne pas trouver à prononcer des arrêts écrasants pour ses semi-collègues.

« On reproche souvent aux Ministres, ajoute toutefois M. de Bonald, de n'avoir pas donné à la » France des institutions qui doivent compléter la » Charte et faire surgir au port, à pleines voiles, » le vaisseau de l'État..... Les chambres, s'écrie-t-» il victorieusement, sont une institution, les tri-» bunaux sont une institution, les administrations » départementales et municipales sont une insti-» tution; la force publique, l'éducation publique, » le jury sont des institutions. N'Y EN A-T-IL PAS » ASSEZ? » C'est à M. de Bonald, page 21 de son écrit, que nous devons cette interrogation provoquante, qui veut à peu près dire « *il y en a peut-être trop.* »

A quoi quelqu'un répond : « Non, il n'y en a » pas assez; » et ce quelqu'un, c'est M. de Bonald lui-même qui prend la peine de s'exprimer en ces termes deux pages plus loin : « *Il nous manque des* » *institutions* domestiques et religieuses, etc. »

D'accord avec le noble Pair quand il nous dit qu'il nous manque des institutions, et par conséquent peu d'accord avec lui quand il demande s'il n'y en a pas assez, d'un air à dire qu'il y en a trop; je me permettrai de m'emparer de la pensée de M. de Bonald qui veut des institutions, et, en la complétant, de répondre à M. de Bonald qui n'en veut pas: « Vous » demandez si nous n'avons pas assez d'institutions; » peut-être eût-il été également convenable d'examiner si même les institutions que nous avons sont » telles qu'elles devraient être. »

Les chambres elles-mêmes jouissent-elles de toutes les conditions de leur existence? La chambre des pairs a-t-elle en prépondérance de fortune et en clientelle, toute la consistance nécessaire? La chambre des députés, en admettant dans toute sa rigueur l'indépendance des élections, représente-t-elle, avec notre système électoral, le produit exact des notabilités locales? Est-elle, par son essence, suffisamment affranchie de l'action ministérielle? Est-ce le ministère qui dépend des chambres, ou bien, par la force des choses actuelles, les chambres, à certains égards, ne sont-elles pas sous la dépendance du ministère; les accusateurs et les juges constitutionnels des ministres, à la discrétion de leurs justiciables? De là une responsabilité illusoire des ministres, laquelle, combinée avec leur responsabilité écrite dans la Charte et valant pour eux dans le conseil pour entraîner la décision royale, en ferait de véritables maîtres devant les chambres, usant des droits immenses que leur offrirait l'autorité de la couronne, et de l'impunité que leur assurerait, dans l'hypothèse donnée, ce monstrueux assujétissement des chambres : envahisseurs à la fois des droits du trône et des immunités nationales, bénéficiaires de l'usurpation la plus absolue et la plus faible tout ensemble, devant qui tout fléchirait dans l'action du gouvernement, par qui tout périrait en dehors.

Le tribunal administratif qu'on appelle Conseil d'État, inconnu dans la nomenclature judiciaire que proclame la Charte, offre-t-il, dans la nature des éléments qui le composent, dans ses formes, dans le genre de ses relations avec les ministres qui nomment ou qui cassent ses membres à volonté, surtout dans sa jurisprudence empruntée du despotisme militaire, toutes les garanties nécessaires pour que les droits les plus saints ne soient pas arbitrairement sacrifiés, et l'action de la justice publique, de la justice royale, jamais entravée ou méconnue?

N'y-t-il rien à refaire pour l'institution du jury en France? Dans nos mœurs encore timides devant cette innovation transplantée, incomplète, parmi nous, n'offre-t-elle pas un danger réel pour la société, en rejetant dans son sein, par des verdicts arrachés à la faiblesse, des meurtriers et même des parricides?

Nos institutions départementales et municipales, telles que les avait faites l'empire et que les ont successivement perfectionnées, dans l'intérêt du despotisme administratif, nos ministères souverains, sont-elles bien conservatrices des libertés publiques? sont-elles suffisantes pour protéger les intérêts de localité?

La *centralité* (M. de Bonald a voulu dire la centralisation), paraît un grand bien à l'adversaire de la liberté de la Presse; mais je ne pense pas que les compatriotes du noble écrivain soient de son avis: et certes ce n'est pas pour soutenir la centralisation qui écrase tout ce qui n'est pas la capitale et même tout ce qui est la capitale, et qui n'est pas l'administration, qu'ils l'ont envoyé à la chambre des députés, où l'on était loin de défendre la centralisation au sein de cette majorité de 1815 qui réclamait au contraire la décentralisation du pouvoir administratif, avec cette vive et généreuse éloquence d'hommes profondément pénétrés des maux et des besoins de leurs commettants, et encore peu instruits, du moins en apparence, du bien individuel que leur position personnelle pouvait leur procurer.

« Quand il y a de la démocratie dans la constitu-
» tion, à ce que prétend M. de Bonald, il faut qu'il
» y ait de la monarchie et beaucoup de monarchie
» dans l'administration; et la *centralité*, ajoute-t-il,
» n'est pas autre chose. »

Ici la question s'aggrandit. Mais comme elle n'est qu'un incident dans la question principale de la liberté de la Presse qui nous occupe, je me permettrai d'en abandonner la partie abstraite qui trouverait plus convenablement sa place dans un écrit spécial sur la matière, pour ne parler ici que de la partie d'application, dont l'examen rapide me fournira, je l'espère, tous les moyens de faire justice de la proposition prétentieuse avancée par le noble Pair.

De fait, la centralisation n'est autre chose que l'oppression de la monarchie par le ministère, et du ministère lui-même par la bureaucratie. Dans ce concours immense d'affaires de toute importance et de tout genre, qui viennent affluer sur un même point, qui oserait dire que l'action du pouvoir royal puisse régir le moins du monde ce vaste assemblage d'éléments divers, où la masse des petites choses finit par absorber même les grandes? Qui oserait assurer que les ministres eux-mêmes puissent débrouiller ce chaos d'affaires, dans lequel chaque chef de division, chaque chef de bureau, embrassant pour son compte la France entière pour tout ce qui concerne la partie d'action administrative qui lui est confiée, trouve à se faire une petite souveraineté à part, qu'il exerce, je ne dirai pas selon l'exigence de ses intérêts personnels, du moins au gré de ses caprices, et dans l'ignorance plus ou moins fâcheuse des objets éloignés soumis à la décision suprême de sa signature ou de ses rapports?

La souveraineté administrative, usurpatrice insolente de la souveraineté légitime, se divise en deux parts : souveraineté des ministres, qui s'exerce sur l'action générale du gouvernement, de l'administration et des finances; souveraineté des bureaux, ayant dans ses mains tous les fils où viennent aboutir tous les intérêts politiques, administratifs et financiers de la moindre localité, et du plus obscur citoyen. La permanence de ce double pouvoir d'usurpation, a son siége encor plus dans les bureaux, que dans les cabinets des ministres; de telle sorte qu'un ministère désireux de se soustraire, avec la France et le pouvoir royal, à l'action, partout inévitable, de cette bureaucratie qui tient tout le royaume enlacé dans ses réseaux de fer, le tenterait vainement, si, au préalable, il ne brisait cette centralisation, dont la tête la mieux organisée et le bras le plus fort essayeraient sans fruit de saisir les détails et de dominer l'ensemble. En résultat, la centralisation n'est que la démocratie des bureaux, fortement organisée en despotisme; il n'y a certainement rien de monarchique dans tout cela.

L'éducation publique, telle qu'elle existe, ne paraît pas moins parfaite à M. de Bonald que ce qu'il appelle la *centralité*, et que la France nomme la centralisation. C'est une institution à laquelle il n'y a pas plus à toucher, selon le noble Pair, qu'à toutes celles dont il trace la liste pompeuse.

Organisée tout comme elle l'était sous l'empire, l'éducation publique actuelle n'est rien moins qu'une institution conforme aux besoins de la monarchie et des libertés publiques. M. de Bonald, ancien officier de l'Université impériale, sait mieux que personne, que ce qui était bon pour un gouvernement militaire, où tout marchait au coup de baguette du tambour, ne saurait plus convenir sous le régime de paternité politique et de liberté, que la France doit à la restauration des immunités nationales par la sagesse royale, si heureusement combinée avec la restauration du trône par le vœu public.

L'éducation publique, dans un tel ordre de choses, d'un côté doit avoir pour fondements inébranlables la religion et les bonnes mœurs, et doit être, d'un autre côté, si l'on peut s'exprimer ainsi, un utile apprentissage des institutions de la patrie et des devoirs du sujet et du citoyen. Elle doit former, sur ces bases sacrées et avec de nobles moyens, pour la gloire et la prospérité du Roi et de la France, de véritables hommes, capables à-la-fois de la vertu des républiques et de l'honneur des monarchies, et faits pour renouveler, avec un égal patriotisme, la sublime abnégation de Camille, et le dévouement héroïque de d'Assas.

Il est au moins douteux que l'éducation publique actuelle, en France, produise de tels hommes. On n'a guère supprimé des habitudes de l'Université impériale, que le tambour; tout le reste, créé pour d'autres besoins, est dans le même état, et ne présente plus qu'un ensemble équivoque, peu fait pour rassurer sur l'avenir, sous quelque point de vue raisonnable et national que l'on veuille considérer les choses.

On ne saurait m'accuser d'avoir l'intention de blesser les personnes; il existe sans doute dans l'éducation publique, des hommes dignes de tous les respects, et que je me fais, pour mon compte, un devoir de vénérer comme ils le méritent. Mais les talents et les vertus des individus ne changent rien au vice de l'institution; et l'institution est radicalement vicieuse.

Ce que M. de Bonald a l'indulgence de considérer comme une institution pour laquelle la liberté de la Presse n'a rien à demander aux ministres, est loin toutefois d'être sans intérêt, du moins pour ceux qui, sur les fonds des impôts qu'elle prélève, reçoivent des sommes assez rondes comme sinécuristes, ou à un titre quelconque équivalant à une sinécure. Les plus mauvaises choses ont leur beau côté; mais le beau côté de celle-ci, ce que l'on appelle vulgairement la *gabelle universitaire*, qui fournit au paiement de tant de traitements inutiles, et de tant de pensions exhorbitantes, est loin d'être beau pour la France, quoique M. de Bonald le trouve charmant pour son compte.

Voilà, dans ce qui existe, une partie de ce que les Français qui ne sont ni ministres, ni pairs ou députés ministériels, ni quasi-ministres, voudraient voir obtenir enfin d'améliorations et de compléments nécessaires. Ces améliorations et ces compléments dans nos institutions, certainement auront lieu; car, lorsque vous vous écriez du ton de la menace : « que l'on essaie de changer les choses (toujours bien entendu que dans les choses qui existent M. de Bonald ne comprend ni la liberté de la Presse, ni rien de ce qui lui est analogue), et » l'on verra quels débats s'élèveront dans les cham» bres, » je pourrais répondre, avec une douloureuse et non moins pénétrante conviction : « que l'on essaie de ne pas, sinon changer, du moins perfectionner les choses, selon les besoins de la société en France, et dans le sens de la foi jurée à sa constitution, et l'on verra quels débats s'élèveront...... » Je n'ose achever cette patriotique commination ; je laisse ce pénible soin à ceux-là qui, en refusant au trône comme à la liberté, toutes leurs garanties, tendraient à changer en effroyable prédiction des paroles de prévoyance et de simple avertissement.

Au moment où j'écris ces lignes, j'ai sous les yeux le compte rendu de la séance de la chambre des députés, du 24 avril, dans laquelle l'honorable M. Boucher déclare : « Que l'organisation actuelle de la Cour » des Comptes n'offre pas une garantie suffisante aux » contribuables, et n'est point en rapport avec notre » gouvernement représentatif. » Il y a donc, quoi qu'en dise M. de Bonald, un peu, ou beaucoup, à changer dans les choses, et l'on ose, au mépris des terreurs du noble Pair, demander ces changements, même dans les chambres, sans avoir à craindre, à ce qu'il paraît, que de semblables demandes n'y produisent trop de scandale.

Dans le résumé rapide que je viens d'esquisser, il n'a été nécessairement question que de nos institutions existantes et du perfectionnement qu'elles attendent; nullement des institutions qui nous manquent, et dont l'introduction dans notre ordre politique devient chaque jour plus indispensable pour le compléter et pour en lier toutes les parties. M. de Bonald, après avoir déclaré qu'il n'y avait rien à changer dans nos institutions, soit en mieux, soit en plus, n'a-t-il pas dit lui-même, comme entraîné par une force irrésistible, « qu'il nous manquait des institutions domestiques et religieuses? » Avec un léger effort, je ne doute pas que le noble Pair n'eût demandé que l'on organisât la famille, la corporation, la commune, la grande localité, et, sur ces bases indispensables, l'établissement d'un vrai système électoral, au moyen duquel tous les intérêts licites fussent représentés et tous les besoins légitimes satisfaits.

La discussion préparatoire, au moyen du concours de toutes les lumières, des lois qui sont nécessaires pour donner à la Charte de 1814 tous les développements de constitution politique qu'elle réclame, n'est pas un des moindres avantages offerts par une loyale application d'un de ses plus importants articles, de celui qui attribue à tous les Français le droit de publier et de faire imprimer leurs opinions. Tout ce que je pourrais accumuler de raisons et d'arguments ne vaudrait pas l'exemple donné par ce qui s'est passé tout récemment dans la chambre des pairs au sujet du droit d'aînesse. En effet, si, avant de prendre à cet égard un parti décisif, le ministère eût provoqué sur l'immense question relative à la famille et à la propriété, l'expression des vœux publics, ou bien, s'il fût arrivé que la Presse eût d'avance manifesté spontanément des opinions raisonnées sur ces intéressantes et graves matières, nul doute que le ministère ne se serait pas donné le ridicule de jeter, comme par improvisation, dans la Chambre des pairs, le triste projet dont cette Chambre vient de faire une si éclatante justice. Si une loi eût paru nécessaire après cette grande instruction préalable, cette loi, éclairée au moyen de la liberté de la Presse, par les écrivains organes de l'opinion publique, n'eût pas certainement subi, devant l'opinion légale des Chambres, le sort honteux réservé à l'improvisation ministérielle.

Ce ne sera pas, sans doute, M. de Bonald qui aura quelque autorité à venir nous dire que le droit de pétition, lequel, d'ailleurs, n'est ni plus, ni moins dans la Charte que le droit par lui méconnu de publier et de faire imprimer des opinions, peut tenir lieu de la liberté de la Presse, lui qui professe la doctrine, que le droit de pétition ne doit jamais s'exercer que pour des intérêts personnels et privés, jamais pour des intérêts généraux et publics, et que les questions législatives sont hors de son domaine. Il faut donc bien que M. de Bonald renonce à nous proposer, comme compensation suffisante, ce droit de pétition dont lui-même, à cet égard, dans le temps, a proclamé l'impuissance légale; et qu'il admette, en conséquence, l'intervention de la liberté de la Presse pour faire connaître les vœux et les raisonnements de l'opinion publique en matière de législation. Cette publicité surtout est précieuse en ce qu'elle n'engage à rien, si ce n'est à suivre les conseils de la sagesse, et à saisir cette lumière vivifiante qui jaillit toujours du choc des opinions; elle ne saurait avoir d'autre danger que celui d'exposer à une sévère et juste répression ceux qui, non contents d'user, abuseraient d'un droit accordé pour atteindre le but le plus honorable, le plus utile, et qu'on ne pourrait impunément faire servir à d'autres desseins.

Les amateurs de la *souveraineté ministérielle* (1) ne sont point de cet avis. Ils pensent que l'on ne saurait trop enchaîner la liberté de la Presse, dont le libre et loyal développement entraverait, en effet, cette souveraineté après laquelle ils soupirent, et qu'ils n'ont pas craint d'appeler eux-mêmes de ce nom exclusivement réservé à l'autorité royale par les amis des lois.

---

(1) Voir les premières lignes de l'Avertissement.

Dans un pamphlet anonyme, publié presque en même temps que l'écrit de M. de Bonald, on demande, en désespoir de cause de la censure préalable, des lois répressives telles, que je ne sache point que la liberté de la Presse fût possible avec de pareilles lois. Il ne s'agirait de rien moins que « d'appliquer à la Presse, et surtout à la Presse » périodique, les dispositions des articles 201 et » 206 du Code pénal, sur les discours et les écrits » des ministres des différents cultes; et de remettre » en vigueur les articles 367 à 377 du même code. » « Si ces dispositions, ajoute l'auteur du pamphlet, » sont jugées insuffisantes, qu'on y en ajoute d'au» tres (1). » Or, dans ces dispositions qu'on semble encore ne pas juger suffisantes, dans certains cas, pour réprimer les abus de la liberté de la Presse, disons mieux, pour étouffer cette liberté tout entière, il en est une, celle de l'article 204, qui, appliquée à la liberté de la Presse, emporterait « LA » PEINE DU BANNISSEMENT *contre tout écrivain qui* » *s'ingérerait de critiquer ou censurer, soit le gou-* » *vernement, soit tout acte de l'autorité publique.* » On voit qu'avec un système aussi absolu et aussi expéditif de répression, non pas des abus de la liberté de la Presse, mais de la liberté de la Presse

(1) De la Liberté de la Presse, pag. 24.

elle-même, les ministres seraient bien tranquilles pour leur compte sur les effets de cette liberté qui les gêne. Après avoir demandé en propres termes, pour les ministres, la souveraineté, il était bien juste de réclamer pour eux l'inviolabilité légale. Le bannissement même ne paraît pas trop fort pour réprimer l'insolent qui s'*ingérerait* (le mot est joli) de hasarder un seul mot de critique sur leurs actes.

Si, comme le veulent M. de Bonald et ses co-partisans, et comme l'a expressément demandé l'un d'eux, l'auteur des *Crimes de la Presse*, la souveraineté que, nous autres bonnes gens, nous voudrions voir résider dans le roi, doit être attribuée au ministère, il faut bien que la souveraineté ministérielle que l'on invoque, au mépris de la souveraineté royale, comme le seul moyen de salut pour le pays, soit revêtue de l'inviolabilité; et alors les lois que l'on propose, pour assurer sans doute cette inviolabilité, deviendraient on ne peut pas plus convenables, en ce qu'elles seraient éminemment conservatrices de l'inviolabilité des ministres.

Mais si, au contraire, comme la France semble le vouloir assez fortement, la souveraineté devait rester au pouvoir royal, et que, dans l'intérêt de la royauté souveraine, garant perpétuel de tous les intérêts légitimes, les ministres eussent conséquemment à devenir de fait ce qu'ils sont de droit, de simples agents responsables, devant l'opinion et devant la loi, des actes qui en effet leur appartiennent bien, soit pour les avoir exécutés, soit pour les avoir conseillés ou provoqués par leurs rapports, rien de moins convenable dès lors, rien de plus anti-social, sans contredit, que ces lois destructives de la liberté de la Presse, et protectrices de l'inviolabilité des ministres tout ensemble.

Toute la question consiste à savoir où doit résider la souveraineté, parce que là où est la souveraineté, là aussi doit être l'inviolabilité. Les partisans de l'oppression de la pensée publique, demandent à grands cris, et réclament en termes exprès la *souveraineté ministérielle ;* le reste de la France, ou, pour mieux dire, la France entière, car les autres ne sont pas Français, la France entière veut la souveraineté royale.

M. de Bonald ne dit pas, comme l'auteur des *Crimes de la Presse*, « Il n'y a pas de milieu, il » faut opter entre la souveraineté du peuple *ou* » celle du ministère. » Il fait mieux ou plus mal, il essaie de le prouver, et toute sa brochure est faite dans le but d'obtenir en réalité cette souveraineté du ministère, que l'autre demande sans plus de façon. Le moyen qu'en définitive il propose pour arriver à ce but tant désiré, m'a paru assez curieux.

« Ne veut-on plus absolument de censure préa» lable ? dit, en forme de conclusion, le noble Pair. » Trouve-t-on plus politique, et surtout plus moral, » de punir le délit que de le prévenir ?... A la bonne » heure, si tel est l'esprit du siècle, si tels sont les

» progrès qu'il a faits dans la science de la législa» tion et de la morale! (M. de Bonald aurait pu ajouter, mais il n'a pas cru, ainsi que nous en avons déjà fait la remarque, que cela valût la peine d'y songer : « et puisque tel est le vœu de la Charte. ») « Mais alors, continue-t-il, il faut » changer un mode de répression devenu illusoire, » et le faire porter sur l'imprimeur seul, en lui lais» sant son recours contre l'auteur. » (Suit ici l'énumération des garanties offertes par les imprimeurs.) Quant aux écrivains, il faut voir comme M. le ministre d'Etat de Bonald, qui, sans doute, a quelque raison de ne pas se croire écrivain, les traite du plus haut de sa grandeur semi-ministérielle. Sa Quasi-Excellence n'est pas du tout bonne pour eux. « Un écrivain *souvent* n'a rien à perdre, dit-il, » PAS MÊME DE RÉPUTATION. »........

M. Crapelet a déjà répondu, tant pour lui que pour ses confrères les imprimeurs, peu sensibles, à ce qu'il paraît, aux perfides cajoleries d'un homme qui leur devait peut-être un traitement plus loyal. Je crois, moi, pouvoir répondre, au nom des imprimeurs et des écrivains, que les uns et les autres n'ont mérité

« Ni cet excès d'honneur, ni cette indignité. »

Et je pense que le mot *indignité* de la citation ne paraîtra pas trop fort, par allusion au vraiment *in-*

digne outrage que les écrivains reçoivent aujourd'hui, précisément de celui-là qui n'a été admis si haut dans leurs rangs, que sur parole, de celui-là qu'on s'était habitué peu-à-peu à regarder comme un écrivain, et même comme un grand écrivain, moins à cause d'un mérite dûment constaté, que sur la confiance polie que les choses, en fort grand nombre, que, sans excepter sans doute l'auteur lui-même, personne ne comprenait dans ses obscures productions, étaient probablement les plus belles choses du monde. La première fois que M. de Bonald se soit clairement expliqué la plume à la main, c'est, je crois, dans la brochure à laquelle je réponds; et certes, cette œuvre, que l'on comprend, n'est pas faite, bien s'en faut, pour donner à penser que quelque chose de remarquable et de profond, puisse être caché dans les ténèbres de ses autres écrits.

Quant à cet outrage collectif, si imprudemment lancé contre les écrivains, et que mon respect pour le rang du noble Pair peut seul m'empêcher de qualifier comme il le mérite, il tombe de lui-même devant la position équivoque où s'est placé celui qui, si légèrement, a cru pouvoir se le permettre : car, au fond, M. de Bonald ne peut se dissimuler que, parmi ces écrivains indépendants qu'il attaque en masse dans ce qu'ils ont de plus cher, dans leur honneur, parmi ces écrivains dont aucun n'a été au-devant des faveurs du pouvoir, et dont la plupart ont noblement résisté à ses séductions, il n'en est pas un seul qui voulût consentir à échanger *sa réputation* contre celle de tel pair.

Ce n'est pas une preuve médiocre de la bonté du droit contre lequel le noble Pair s'élève, en même temps que de la fausseté de ses allégations et de la faiblesse de ses arguments, que cette supposition insultante, qui tend à représenter, en général, la partie la plus éclairée de la nation comme les derniers des hommes : insulte gratuite faite au sujet d'un droit politique et civil de publier et de faire imprimer leurs opinions, constitutionnellement acquis à tous les Français, non comme écrivains, mais comme citoyens. J'avais une tout autre opinion, et le lecteur impartial jugera laquelle est plus noble, plus légale, plus française, de la mienne ou de celle de M. de Bonald, j'avais une tout autre opinion du droit constitutionnel de la liberté de la Presse et de la dignité des Français appelés par leur patriotisme et leurs lumières à l'exercer, à leurs risques personnels et dans l'intérêt de tous, lorsque je disais récemment encore :

« Il serait à désirer que chaque Français qui voudrait exercer ce contrôle éminent des actes politiques et administratifs, le fît en réalité à ses périls, risques et fortunes; et que ses écarts, s'il pouvait s'y livrer, ne pussent être soustraits en aucune manière à la répression directe légalement appelée sur la tête de leurs auteurs. Les opinions sont individuelles; la gloire et le profit même en appartiennent à l'écrivain : c'est sur l'écrivain, et rien que sur l'écrivain, que devrait toujours tomber la punition en cas de délit. Il y aurait à-la-fois plus de justice et de respect pour la liberté dans cette immédiate distribution des récompenses publiques ou des peines judiciaires. Il y aurait plus de dignité pour l'écrivain dans cette noble manière de s'offrir personnellement et à découvert comme garant de ses œuvres, et plus de sûreté pour la chose publique. Il ne suffirait plus de savoir écrire pour concevoir l'espérance de convaincre, il faudrait encore être honnête homme et bon citoyen, et l'autorité de la vertu ne serait pas moins nécessaire que la puissance de l'esprit, pour exercer sur l'opinion une influence réelle (1). »

A la suite de ce passage et en conséquence du vœu qu'il exprime, je demandais « que les imprimeurs et les libraires fussent affranchis de la solidarité qui pèse sur eux par rapport aux ouvrages qui sortent de leurs presses ou qui se vendent dans leurs boutiques; qu'ils fussent seulement considérés comme les auteurs des ouvrages sans nom d'auteur ou d'éditeur accrédité, et, dans ce cas unique, traités comme tels (2). »

---

(1) Du Ministère de M. de Villèle et de ses Œuvres; pag. 188 et 189.

(2) Même ouvrage, pag. 189.

« La liberté de la Presse, disais-je encore, réside dans la presse même qui produit les écrits imprimés; la publicité ne saurait exister sans le libre exercice de la profession qui produit cette publicité par la distribution des écrits au public. Si vous opprimez les imprimeurs et les libraires, vous faussez, vous brisez les instruments sans lesquels la liberté de faire imprimer et de publier les opinions, ne saurait avoir lieu.

» La Charte dit : « les Français ont le droit de *publier* et de *faire imprimer* leurs opinions, en se conformant aux lois qui doivent réprimer les abus de cette liberté. » D'où il résulte, en premier lieu, que le droit *de publier*, droit que la Charte présente comme pouvant être exercé avec ou sans le concours de l'impression, est un droit absolu; indépendant de toute autre action, et qui ne regarde que l'auteur de l'écrit imprimé, ou non imprimé; en second lieu, que la Charte ne consacre pas un droit d'imprimer mais *de faire imprimer*, ce qui attache encore la responsabilité de l'impression, non à l'imprimeur qui se livre simplement à l'action mécanique d'imprimer, mais seulement à l'auteur qui exerce le droit facultatif de faire imprimer, comme une conséquence et comme un moyen d'exécution du droit générateur que la Charte lui donne tout d'abord de publier des opinions.

» Du droit absolu que tout Français possède constitutionnellement de publier des écrits, même après les avoir multipliés par la voie la plus rapide que l'on connaisse, celle de l'impression, résulte encore nécessairement le droit de les faire distribuer librement. Or la moindre gêne qui, par punition ou par menace, viendrait entraver, soit l'impression de l'ouvrage chez l'imprimeur, soit la publication chez le libraire, nuirait essentiellement à la liberté de la Presse, en changeant en mesures préventives et comminatoires les règles exclusivement répressives des abus éventuels de cette liberté. Donc l'imprimeur et le libraire, en tant qu'ils ne font qu'imprimer et distribuer l'écrit que son auteur fait imprimer et publier sous sa responsabilité personnelle, ne sauraient être solidaires de cette responsabilité devant la justice, encore moins devant l'arbitraire administratif, sans que le droit constitutionnellement acquis aux Français, de publier leurs opinions, n'en fût considérablement lésé, et par la suite rendu tout-à-fait nul (1). »

Lorsque je me livrais à ces réflexions, j'avais seulement en vue, indépendamment de l'écrit de M. de Bonald qui n'avait pas encore paru, l'état réel de l'imprimerie et de la librairie en France par rapport à l'administration qui, n'osant attaquer de front la liberté de la Presse, vise depuis long-temps à la détruire dans les instruments qui sont propres à son action, soit en laissant s'éteindre les brevets

(1) Du Ministère Villèle et de ses Œuvres, p. 189 à 192.

d'imprimeur qui viennent successivement à vaquer par décès ou par destitution des titulaires, soit en tourmentant les imprimeurs et les libraires par toutes les tracasseries de la police la plus inquisitoriale.

Il existe une loi née d'une discussion parlementaire dans laquelle des ministres prétendirent établir, au moyen de raisonnements à-peu-près de la force de ceux présentés par les défenseurs officieux du ministère actuel, que le mot *réprimer* de l'article 8 de la Charte, signifie *prévenir*, et dans cette loi un article où il est dit : « que le brevet pourra être re- » tiré à tout imprimeur ou libraire qui aura été con- » vaincu, par un jugement, de contravention aux » lois et aux règlements. »

C'est à la faveur de cette disposition, contraire au vœu de la Charte, introduite à la suite d'une discussion ridicule non moins qu'inconstitutionnelle, dans une loi en partie d'exception, que les ministres et leurs inspecteurs tiennent constamment suspendue sur la tête des imprimeurs et des libraires l'épée redoutable des destitutions. J'ai consigné dans l'*Avertissement*, en tête de mon *Appel d'intérêt public au gouvernement contre le ministère*, publié dans les premiers mois de 1824, que deux imprimeurs de mes amis avaient résisté au double attrait qui, dans l'impression de cet ouvrage, était offert à leur amitié bien plus qu'à leur désir, pourtant bien naturel aussi d'utiliser leurs presses, et cela, par le seul et unique motif de la crainte du ministère, attaqué dans mon écrit, et qui pouvait profiter de la plus légère, de la plus innocente contravention, de celle que l'erreur la plus excusable, un simple oubli, ou même la mauvaise foi de l'administration pouvait faire naître, pour se venger sur l'imprimeur, en le privant de son état, de sa haine pour l'écrivain, que l'évidente irrépréhensibilité de l'ouvrage mettait dans l'impuissance de satisfaire.

M. de Bonald veut que l'on fasse peser sur le malheureux imprimeur, c'est-à-dire, sur l'instrument le plus essentiel de la liberté de la Presse, un joug plus lourd encore. En demandant que les imprimeurs soient seuls responsables des ouvrages sortis de leurs presses, il place devant eux la crainte toujours présente d'un jugement, derrière lequel apparaît, inexorable comme le destin, l'article 12 de la loi du 21 octobre 1814, déjà cité, en vertu duquel le ministère a la faculté de retirer son brevet à tout imprimeur ou libraire qui a subi une condamnation. M. de Bonald sollicite l'oppression de la pensée publique; je demande, moi, selon le vœu de la Constitution politique qui régit mon pays, que tout Français, sous sa responsabilité personnelle, jouisse loyalement, et sans nulle entrave, du droit de publier ses opinions par la voie la plus rapide, la plus étendue, qui soit au pouvoir de l'homme : chacun de nous veut les moyens de la fin qu'il se propose.

Un journal du ministère juge l'idée du noble Pair « très-simple, très-naturelle, et d'une exécution très facile; « il la trouve si admirable que, par une allusion ingénieuse au trait historique de l'œuf de Colomb, il la déclare sans façon d'une importance égale à la découverte du Nouveau Monde. Cela ne m'étonne point : le ministère doit être enchanté d'une idée dont la mise à exécution lui assurerait l'entier asservissement de cette fâcheuse liberté de la Presse, qu'il n'a pu vaincre, malgré les combats à coups d'or et d'arbitraire, qu'avec tout l'avantage de sa position, il ne cesse de lui livrer depuis près de cinq années. J'ai promis l'histoire, grave par leur nature et ridicule par les détails, de ces combats d'un pouvoir d'usurpation contre la liberté; je renouvelle ici ma promesse, qu'en ce moment des soins plus sérieux me forcent de suspendre. Je reviens au moyen « si simple, si facile, » trouvé par M. de Bonald, moyen, il faut bien en convenir, si propre à l'entier anéantissement de la liberté de la Presse.

Rien de plus décisif, en effet, pour opérer cet anéantissement tant désiré par nos adversaires, et que nous repoussons de tous nos efforts, que cette responsabilité, exclusivement attribuée à l'imprimeur, dès lors censeur tremblant des ouvrages qui lui seraient présentés, et dont il devrait répondre, même au péril de toute son existence, quoiqu'un autre en fût l'auteur. La liberté de la Presse, ainsi placée sous la censure de la peur, la plus susceptible des censures, en ce qu'elle se fait des monstres de tout, avec les avantages apparents de la vie, n'aurait que la triste réalité du néant.

Lorsqu'on viendrait se plaindre de cette oppression odieuse de la pensée, les ministres répondraient triomphalement : « La Presse est libre, puisque » ceux qui la font mouvoir, les imprimeurs, ont la » faculté d'imprimer tous les écrits imaginables. Qui » empêche les imprimeurs d'user de cette faculté ? » Qui empêche ! la terreur des tracasseries et des actes arbitraires de l'administration, la peur d'une destitution administrative, inévitable à la suite de la condamnation la plus légère : de telle sorte, qu'avec un pareil système, il serait possible que la religion, les principes monarchiques, la constitution et les mœurs, qui ne destituent personne, fussent exposées à se voir librement insultées par la voie de la Presse, tandis qu'il serait à peu près impossible de faire parvenir au public, par la même voie, la moindre observation sur les faits et gestes de l'administration, qui, dans certains cas, peut à son gré destituer les imprimeurs. « Si c'est là de l'équité, » dit M. Crapelet, imprimeur, en repoussant le dangereux honneur dont M. de Bonald prétend gratifier le corps dont M. Crapelet est un des membres » les plus distingués ; si c'est là de l'équité, *autant* » *vaut proposer une loi qui ordonne la destruction* » *immédiate de toutes les presses, et le bannissement de deux mille familles, qui sont pourvues,* » *en France, d'un établissement d'imprimerie.* »

Autant vaudrait, ajouterai-je au nom des Français indistinctement appelés à l'exercice du droit constitutionnel de publier et de faire imprimer leurs opinions, autant vaudrait décréter l'abolition de la liberté de la Presse.

Le projet de M. de Bonald pourrait se traduire en la proposition de loi suivante, que les ministres s'empresseront sans doute d'apporter un de ces jours dans l'une des deux chambres :

Art. 1er. Les Français ont le droit le plus illimité de publier et de faire imprimer leurs opinions, sur touts les faits et sur touts les actes du gouvernement et des ministres.

Art. 2. Les imprimeurs sont seuls responsables de la publication des écrits sur les faits et sur les actes du gouvernement et des ministres.

Art. 3. Les ministres, vulgairement appelés le gouvernement du Roi, destituent les imprimeurs à volonté.

Art. 4. Il sera crée un fonds de six millions de rentes, trois pour cent, au capital de deux cents millions, pour servir à payer aux imprimeurs, au fur et à mesure qu'ils seront successivement ruinés par l'effet de la présente loi, l'indemnité due par l'État à tout propriétaire à qui l'État impose le sacrifice de sa propriété.

Il est bien entendu que la commission chargée des distributions partielles de cette indemnité, en réglera la valeur respective de manière à ce que, à fin de comptes, il reste un fonds commun dont le ministère disposera comme il l'entendra.

Dans le choix des moyens qui lui sont offerts pour anéantir la liberté de la Presse, le ministère se décidera-t-il pour celui de M. de Bonald, ou bien pour celui de l'écrivain déjà cité, qui réclame, en faveur de l'inviolabilité ministérielle, la peine du bannissement contre tout écrivain qui s'*ingérerait* de critiquer ou de censurer un acte quelconque d'administration ? Peut-être en reviendra-t-il à la censure préalable, telle que nous avons eu le bonheur de la connaître encore dans ces derniers temps; mais en l'étendant cette fois sur toutes sortes d'écrits.

Quoi qu'il en soit, et de quelque manière que l'on s'avisât de détruire la liberté de la Presse, on n'en aurait pas moins blessé à mort les principes vivifiants de la constitution du royaume, ces principes généreux et tutélaires, qui successivement ont rallié autour du trône légitime tous les hommes qui portent un cœur français. Les conséquences, je ne dis pas de la destruction, mais du simple affaiblissement de ces principes, noble sauve-garde du pouvoir, non moins que précieuse garantie des libertés légales, sont assez palpables et assez effrayantes peut-être pour que l'œil même le moins clairvoyant puisse les apercevoir, et que l'esprit le plus léger, ou le cœur le plus froid, recule devant cette redoutable apparition.

Comment espérer d'ailleurs de ressusciter avec quelque fruit, surtout pour lui soumettre non-seulement les journaux comme ci-devant, mais tous les produits de la Presse sans exception, cette censure que, depuis 1814, nous avons vue troisfois naître et mourir au bruit des sifflets?

Avant la révolution, la Presse relevait d'une censure préalable, et les œuvres qui ont préparé cette même révolution circulaient avec autorité parmi le peuple : quand on voulait leur donner la vogue, on les faisait brûler par la main du bourreau.

Depuis la révolution, le procureur-général de la lanterne exerça d'abord la censure; plus tard, ce fut l'exécuteur de la justice dite nationale en personne, le fonctionnaire public le plus occupé dans ces temps d'oppression et de barbarie; bientôt le Directoire, succédant, avec des formes moins acerbes, au comité du salut public, s'avisa de censurer les écrivains par des décrets de déportation, attendu que le système des assassinats publics venait de passer de mode; enfin, l'empire, après le consulat, se vit, ou se crut, obligé de bâtir sa censure avec des régicides, comme depuis, sous la restauration, nous avons vu les divers pouvoirs ministériels dans l'habitude, peut-être dans la nécessité, d'aller recruter leurs censeurs parmi les hommes de l'empire, augmentés de ces machines absorbantes créées de toute éternité pour censurer au profit et pour le compte de tous les pouvoirs qui veulent bien leur donner l'impulsion avec de l'or.

La censure a paru, même aux regards de ceux qui l'ont exercée, et qui n'en sont pas moins disposés à l'exercer encore, n'importe au nom de qui, une chose si estimable, que les censeurs de 1824 se sont fait surtout remarquer par le soin rigoureux qu'ils ont pris de cacher leurs noms au public : tant il est honorable d'être censeur! Ces Messieurs, Pairs des écrivains, selon M. de Bonald, et qui seraient tout au plus des Pairs anonymes, avaient une sorte d'éditeur responsable, avec la griffe duquel ils faisaient parvenir à leurs justiciables leurs décisions souveraines. Les écrivains censurés avaient le bonheur toutefois de ne point ignorer, et la France entière le savait comme eux, que ces proscripteurs inconnus de la raison, de l'indépendance et de l'esprit avaient l'honneur de délibérer (s'ils prenaient la peine, ou s'il leur était permis de délibérer) là où l'on exploite la délation, où l'on manutentionne l'espionnage, et que le chef de la police était leur chef.

Avec la censure, et surtout avec une telle censure, on a certes tous les inconvénients de la licence (et quelle licence! celle de la police), sans posséder aucun des avantages de la liberté.

L'inquisition, qui a des doctrines fixes, est mille fois préférable, sans contredit, à cette censure sans guide et sans frein, qui n'a que des opinions quand elle a autre chose que des volontés. L'écrivain le plus sage et le plus habile est loin d'être à l'abri des coups d'une pareille censure; car la sagesse et l'habileté ne sauraient deviner les caprices d'un pouvoir arbitraire qui n'a d'autres règles que les variations de la politique et les exigences si diverses, si volontaires, si incertaines, de ceux au nom de qui la censure s'exerce, et de ceux-là même par qui elle est exercée. Je ne parle pas de l'ignorance de ces derniers, laquelle cependant n'est pas trop faite pour rassurer sur un examen raisonnable des ouvrages où l'on traite des questions de politique, d'administration et de finances, jugées souverainement par les censeurs : triste et honteuse garantie pour la société!

On a souvent essayé de la censure, dans le dessein non équivoque de la faire prévaloir; et toujours il a fallu y renoncer. Par le bien produit au moyen de la liberté de la Presse, même dans l'état incomplet, équivoque où toujours on l'a perfidement laissée, on peut juger de ce dont elle serait capable, si on la livrait avec franchise à tous ses développements loyalement garantis par les répressions qui doivent l'épurer en faisant justice de ses abus. « La liberté de la Presse, a dit l'éloquent et » honorable M. Hyde de la Neuville, dans les jour» naux du 22 mars, n'est jamais un mal; car, en ré» sultat de compte, c'est la vérité qui triomphe. » On ne saurait en dire autant de la censure dont le but, et plus sûrement encore le résultat, est d'étouffer la vérité.

Dans la conspiration contre la liberté de la Presse, le moyen le plus déloyal, et que les ministres actuels, à l'exemple de leurs prédécesseurs, emploient le plus volontiers, c'est sans contredit une organisation systématique de la licence que le pouvoir ministériel tolère, que souvent il excite, afin de s'armer de ses excès contre la liberté qu'il redoute. Je dois joindre ici quelques réflexions à ce que j'ai dit à cet égard dans *l'Avertissement* placé en tête de cet écrit.

La veille du jugement suscité au *Constitutionnel* et au *Courrier*, je disais dans mon dernier ouvrage, déjà cité : « Que fait au ministère la répression des » crimes de la licence, introduite avec le secours » d'une tolérance perfide à la suite de la liberté? » C'est la destruction de la liberté qui lui importe. » C'est sa propre cause que le ministère va faire » plaider devant la cour royale, dans les procès de » tendance, et non la cause de Dieu et du Roi. »

Cette cause sacrée eût été, en effet, plus convenablement défendue et probablement vengée, si, à l'instant même où l'outrage à la religion, ou bien au principe monarchique, était commis, on en eût demandé la répression à la justice, qui certes n'aurait point refusé, s'il y avait eu lieu, de punir les injures faites, soit à l'autorité religieuse, soit à l'autorité politique; mais ces sortes de jugements qui répriment la licence, entraînent la prison et l'amende pour toutes peines, tandis qu'une condamnation pour tendance peut produire la suspension et successivement la suppression définitive du journal; et c'est bien plus la suppression des journaux, que la répression des délits, que veut le ministère, pour qui les délits sont beaucoup moins fâcheux que les journaux.

L'exécution de la loi dite de tendance, loi improvisée dans les premiers jours du ministère actuel, n'est, à dire vrai, qu'une impunité solennelle de la licence qui nuit à la société, au détriment de la liberté qui fatigue le ministère. C'est parce que cette loi si commode pour le despotisme ministériel n'existait pas encore que, dans les derniers jours de M. Decazes, et le lendemain de la mort de l'infortuné duc de Berry, on vit ce ministre venir demander des chaînes pour la liberté de la Presse périodique, qui chaque jour lui reprochait ce crime, comme le fruit amer de la licence perfidement réveillée par les fautes calculées de son administration.

La censure préalable place hors du droit commun ces écrivains que l'on feint de dédaigner autant qu'on les redoute, en ce qu'elle les livre aux coups d'un tribunal clandestin d'exception et d'arbitraire, pour y être punis par l'interdiction de leurs œuvres non publiées, et condamnés à cette peine réelle tout au plus pour des soupçons de délits, lorsque nul citoyen ne peut être distrait de ses juges naturels, ni jugé que pour des actes consommés et avec les formes tutélaires de la publicité, de la défense et de l'appel. La censure préalable est, dans une mesure en apparence simplement préventive, une véritable répression, sans excuse comme sans motif réel, puisqu'elle consiste à réprimer ce qui n'a pas eu d'action.

Mais, dans le sens politique attaché à la liberté politique, il ne s'agit pas seulement d'écrivains, proprement dits, de faiseurs de livres, mais bien de tous les Français à qui l'article 8 de la Charte attribue le droit de publier et de faire imprimer leurs opinions; ainsi, ce sont tous les Français que la censure préalable des écrits, ou toute autre mesure d'exception, illicitement restrictive de la liberté de la Presse, rejette violemment hors du droit commun. Ceci mérite, je pense, d'être pris en quelque considération.

Autant et plus, sans doute, que les partisans de la censure, qui sont, dans l'exception, les défenseurs de la liberté de la Presse, qui sont dans le principe, ont donc en horreur la licence, qui aussi est une exception, et avec laquelle toute liberté devient incompatible.

Si la répression des abus de la liberté, c'est-à-dire, si la répression de la licence elle-même, n'est point assez rigoureusement ordonnée dans les lois actuelles de la Presse, imparfaites parce qu'elles ont dû successivement leur naissance à des circonstances qui passent, jamais au désir de consacrer les principes qui restent, rendez ces lois plus sévères; qu'elles soient plus redoutables à celui-là qui abuserait, et moins gênantes, plus protectrices pour celui qui use du droit dont elles sont appelées à régler le libre exercice. La bonne foi toujours a manqué, dans la formation de ces lois, aux divers ministères qui, tour-à-tour, ont exercé l'initiative royale, depuis la promulgation de la Charte; qu'un système moins personnel, plus français, préside à cette création importante, et ces lois, si désirables, sortiront facilement de la discussion parlementaire, aussi fortement répressives de la licence, que franchement conservatives de la liberté.

On feint de redouter la licence des écrits, quand on n'a peur que de la liberté; et l'on demande en même temps *la souveraineté* pour le ministère, dont les écarts sont d'une conséquence bien autrement délicate. Il importe de faire justice de ces aberrations.

Les institutions humaines ne sauraient être parfaites. Condamner quelqu'une de ces institutions, parce que un peu d'abus pourrait s'y glisser, serait folie; la sagesse consiste à rendre ces institutions le plus profitables que possible au bien de l'État. Vous aurez, si l'on veut, un peu de licence avec la liberté de la Presse; mais vous auriez certainement bien plus d'arbitraire avec le despotisme ministériel. L'essentiel, c'est de combiner les choses de manière à ce que les forces que vous donnerez au pouvoir et à la liberté, produisent le moins d'arbitraire et le moins de licence possibles. Se jeter dans l'arbitraire, et dans l'arbitraire ministériel, dont les dangers portent si loin, par la crainte d'un peu de cette licence qui s'insinuera toujours dans le mouvement de la politique, indépendamment même de la liberté de la Presse, serait une absurdité, quand ce ne serait pas un crime. Rien de plus simple que l'exposition, à ce sujet, des vrais principes propres aux gouvernements en général, et plus particulièrement au mode de gouvernement qui régit la France.

Le droit du Roi est divin, c'est-à-dire au-dessus de toute contestation; sa personne est inviolable et sacrée : ainsi le veut la nécessité de placer hors de toute atteinte, et de rendre inébranlable, le principe, et comme le nœud de la société politique, incessamment sujette à des bouleversements, et conséquemment à la licence et au despotisme, leur suite inévitable, si le principe sur lequel la société repose pouvait être capricieusement rejeté.

Le Roi, maître de la société politique, serait absolu dans son pouvoir, comme il est souverain par son éminent caractère, et, de la même manière que Dieu, dont il est l'image, est maître du monde, si la nature imparfaite de l'humanité, comme à Dieu, permettait à l'Homme-Roi de ne pas pouvoir être trompé.

C'est donc afin de rapprocher le plus possible l'infaillibilité politique de la perfection divine, et le Souverain de la Vérité, seule utile à son peuple, qu'il s'est introduit dans tous les gouvernements une surveillance quelconque des actes du pouvoir contre des prétentions individuelles qui pourraient égarer l'autorité souveraine, à son préjudice, et au détriment des intérêts publiques, qui ne demandent qu'à la voir agir dans les voies de la sagesse.

Cette surveillance active, de tous les moments, généralement acquise à tous les membres de la grande famille politique, lorsqu'elle est réglée par de bonnes lois franchement exécutées, tend à rapprocher de la perfection, autant que faire se peut, l'exercice du droit du souverain, sans nuire nullement au principe de ce droit et garantit puissamment le pouvoir et la liberté des envahissemens et des coups de l'arbitraire, ainsi que de ces mouvements désordonnés de l'anarchie, qui, tôt ou tard, deviennent l'expression effrayante et le fatal résultat des mécontentements publics, là où les besoins politiques sont malheureusement privés de toute manifestation légale, ou bien entravés, dans cette manifestation salutaire, par l'imprévoyant esprit d'usurpation qui, trop souvent, hélas! vient frapper d'aveuglement les administrateurs de l'État.

Elle s'exerce par plusieurs moyens. La parole, l'écriture et tout ce qui peut servir à manifester l'expression des besoins légitimes, sont ses organes.

Oter la parole, l'écriture ou tout autre moyen de manifestation, à ce droit de surveillance acquis à tous dans la Cité, ce serait blesser le droit du souverain qui ne veut qu'être éclairé, afin de joindre à l'autorité irrévocable d'agir, le pouvoir subordonné de bien faire.

Ces réflexions s'appliquent à tous les gouvernements en général; il en est d'autres qui sont plus spéciales au gouvernement actuel de France en particulier.

Les actes présentés aux chambres au nom du Roi, sont contrôlés par les chambres; et rien, si ce n'est la liberté de la Presse, ne sert de contrôle aux décisions de celles-ci. La liberté de la Presse est donc, quant aux chambres, comme j'ai démontré qu'elle l'était quant aux ministres, un contrôle nécessaire de leurs actes, en l'absence duquel elles exerceraient un pouvoir monstrueux au-dessus du pouvoir royal, contrôlé dans son exercice par des corps qu'on laisserait eux-mêmes sans contrôle.

Le mécanisme de notre constitution, en ce qui regarde la législation, c'est-à-dire, le gouvernement proprement dit, peut s'étendre ainsi : contrôle des actes de la couronne par les chambres, afin de prémunir le Roi contre les erreurs ou les fautes de ses conseillers; contrôle des décisions des chambres, au moyen de la liberté de la Presse, afin de défendre le Roi et le peuple contre les erreurs ou les fautes des chambres; contrôle de la liberté de la Presse par la justice royale, afin de garantir le Roi, les chambres et le peuple contre les erreurs ou les fautes des écrivains; au-dessus de ce dernier contrôle, qui garantit l'efficacité de tous ceux qui le précèdent, s'élève ce qu'il y a de plus sacré sur la terre: l'autorité de la loi, la conscience du juge, et la considération puissante du nom du Roi de qui émane toute justice.

En ce qui touche l'exécution des lois, les conseils par lesquels l'action royale se détermine, l'administration publique, le ministère enfin, avec toutes ses dépendances, le contrôle rapide et non-interrompu, exercé au moyen de la liberté de la Presse, dans l'intérêt général et public qu'elle est appelée à défendre des erreurs, des oublis et des empiétements produits par l'action ministérielle, qui est elle-même de tous les instants, devient plus nécessaire encore, plus indispensable, eu égard à cette autorité souveraine qui, on l'a déjà dit, doit être inattaquable, parce qu'elle est le principe et comme le nœud de la société politique.

Bien loin de croire, avec M. Bonald, que cette autorité inviolable et sacrée, puisse souffrir des attaques dirigées contre les ministres du Roi, je pense au contraire que, plus on attaquera les ministres à raison de leur responsabilité, plus l'inviolabilité royale se trouvera de toutes manières consolidée et affermie.

Il y a dans l'exercice du pouvoir deux résultats : le bien et le mal. Qui fait le bien ? le roi inviolable. Quand il y a du mal, qui en est l'auteur ? est-ce encore le roi inviolable ? non, c'est le ministère responsable. Donc, plus vous infirmerez le principe du mal, autant qu'il se produit comme tel, plus vous donnerez au principe du bien, de la force et de la majesté.

La responsabilité ministérielle est une garantie encore plus morale que matérielle de l'inviolabilité royale. Avant que ce double principe eût été proclamé dans la Charte, il était écrit en caractères profonds dans le cœur des Français. *Si le roi le savait!* disait le peuple accablé d'impôts ou fatigué de vexations et d'abus, et ce mot touchant n'accusait que les ministres; il absolvait, même de toute possibilité de soupçon et de reproche, le père de la famille française, à qui l'on avait caché la vérité.

Je ne pense pas que la responsabilité effective des ministres soit aussi impossible que M. de Bonald semble s'en flatter, et que des hommes fort honorables le craignent légalement parlant; il ne faut pour cela, je ne cesse de le dire depuis 1819, il ne faut pour cela qu'une majorité qui accuse, dans la chambre des députés, et qu'une autre majorité qui juge, dans la chambre des pairs. Dans tous les cas, moins les ministres seraient positivement responsables par la loi, plus il serait urgent qu'ils le fussent devant l'opinion. Si les ministres n'étaient pas même moralement responsables, ils deviendraient ce qu'un ami indiscret a demandé qu'ils fussent : *ministres souverains ;* l'inviolabilité détournée du souverain légitime, viendrait les couvrir de son manteau, tandis que la responsabilité, qui doit se trouver quelque part, irait se reposer sur la personne royale : et l'on sait ce que produit la responsabilité quand elle va se placer sur la tête des rois...... Tant que le peuple de France put s'écrier dans sa détresse : *ah ! si le roi le savait !* l'existence politique des ministres fut seule menacée ; du moment où, dans une séance mémorable des états-généraux, Necker, resté ministre, crut pouvoir récuser, par son absence improbatrice, la responsabilité des paroles royales, la monarchie fut perdue. La séance du 23 juin 1789 vit l'insolente cause dont le soleil du 21 janvier 1793 éclaira l'épouvantable résultat.

Les bons ministres n'ont pas besoin des éloges que leur prodiguerait la flatterie dans le silence organisé des opinions indépendantes ; et d'une autre part, tous les intérêts légitimes : l'intérêt sacré du trône, l'intérêt non moins sacré du peuple, ne sauraient, sans péril, se passer des censures de la liberté de la Presse contre les mauvais, et même contre les médiocres ministres. La Presse est donc essentiellement anti-ministérielle; comme tout contrôle, elle existe plus particulièrement pour blâmer ce qui est mal, que pour louer ce qui est bien. Les ministres, bons ou mauvais, ont d'ailleurs tant d'autres compensations, qu'ils peuvent bien laisser à la liberté son allure, pour la plus grande sûreté du roi et du peuple, qui méritent bien aussi quelque considération.

La Presse est essentiellement anti-ministérielle ! ceci explique pourquoi naturellement le ministère n'aime pas la liberté de la Presse; pourquoi nous avons vu les divers ministères médiocres, et plus souvent encore mauvais, qui se sont succédés en France depuis douze ans, conspirer sans relâche contre cette liberté, illégalement et même par les lois? mais toujours au mépris de la constitution écrite du royaume, et au préjudice des besoins de l'ordre politique que cette Constitution a *reconstitué*.

Voilà pourquoi les partisans, désintéressés, j'aime à le croire, de *la souveraineté ministérielle*, ont la liberté de la presse en horreur, et pourquoi nous, défenseurs de la souveraineté royale, nous le sommes nécessairement aussi de ce droit, constitutionnellement acquis aux Français de publier et de faire imprimer leurs opinions, pour nous en servir, comme d'une sauve-garde du pouvoir royal et des libertés publiques et des intérêts légitimes, publics et privés tout ensemble. Voilà pourquoi aussi, Labruyère a dit, ayant sans doute les bons ministres en vue et voulant donner une leçon aux mauvais : « Un homme en place doit aimer son » prince, sa femme, ses enfants, et après eux les » gens d'esprit. »

FIN.

NOTES.

(A). Je crois devoir consigner ici l'indication des divers chapitres de cet ouvrage (1), publié dans les derniers jours de 1825, et qui, malheureusement, est et sera long-temps encore à l'ordre du jour :

CHAP. I. De la situation actuelle de la France.

CHAP. II. Causes déterminantes de la conduite ministérielle.

CHAP. III. De la séduction ministérielle.

CHAP. IV. De quelques affaires d'argent.

CHAP. V. L'Etat à la Bourse.

CHAP. VI. De la loi d'indemnité.

CHAP. VII. De Saint-Domingue.

CHAP. VIII. De nos relations extérieures.

CHAP. IX. De la liberté de la Presse.

CHAP. X. Quelques observations. — Conclusion.

(B). Je lis dans les journaux du 22 mars, un compte rendu d'une audience de la Cour royale de Paris, chambre des appels de police correctionnelle, présidence de M. le vicomte de Sèze, et, dans ce compte rendu, extrait de la *Gazette des Tribunaux*, le débat ci-après :

« Le témoin principal. — Je ne crois pas qu'il (le prévenu) y mit aucune mauvaise intention; mais il a une tête très-vive, et je sais qu'il tient au système représentatif et àtoutes ces *drogues* »

---

(1) *Du Ministère Villèle et de ses OEuvres*, un vol. in-8°. Prix, 4 fr. A Paris, chez les principaux Libraires, et chez l'Auteur, rue Vivienne, n. 7. Les lettres et envois d'argent doivent être affranchis.

« M. le président vivement. — Nous vivons sous un gouvernement constitutionnel ; vous lui devez du respect ?

» M. le conseiller Sannegon. — Vous insultez le pouvoir auquel vous devez obéissance.

» M. le président. — Le ministère public pourrait prendre des conclusions contre vous. »

Il ne paraît pas que le ministère public ait jugé à propos de prendre aucune conclusion.

ERRATUM.

Pages 91, lignes 13 et 14, au lieu de : « Mais, dans le sens politique attaché à la liberté *politique*, » lisez : « Mais, dans le sens politique attaché à la liberté *de la presse*. »

www.ingramcontent.com/pod-product-compliance
Ingram Content Group UK Ltd.
Pitfield, Milton Keynes, MK11 3LW, UK
UKHW031923260826
14628UKWH00003B/1375

9 782012 465930